# MONITORIZAÇÃO DA PERFORMANCE ORGANIZACIONAL

JORGE CALDEIRA

# MONITORIZAÇÃO DA PERFORMANCE ORGANIZACIONAL

# MONITORIZAÇÃO DA PERFORMANCE ORGANIZACIONAL

AUTOR
JORGE CALDEIRA

EDITOR
EDIÇÕES ALMEDINA. SA
Av. Fernão Magalhães, n.º 584, 5.º Andar
3000-174 Coimbra
Tel.: 239 851 904
Fax: 239 851 901
www.almedina.net
editora@almedina.net

PRÉ-IMPRESSÃO | IMPRESSÃO | ACABAMENTO
G.C. GRÁFICA DE COIMBRA, LDA.
Palheira – Assafarge
3001-453 Coimbra
producao@graficadecoimbra.pt

Outubro, 2009

DEPÓSITO LEGAL
300427/09

Os dados e as opiniões inseridos na presente publicação
são da exclusiva responsabilidade do(s) seu(s) autor(es).

Toda a reprodução desta obra, por fotocópia ou outro qualquer
processo, sem prévia autorização escrita do Editor, é ilícita
e passível de procedimento judicial contra o infractor.

---

*Biblioteca Nacional de Portugal – Catalogação na Publicação*

CALDEIRA, Jorge

Monitorização da performance organizacional
ISBN 978-972-40-4008-0

CDU 005

# AUTOR

Nos últimos sete anos, especializou-se na área de planeamento e implementação de modelos de monitorização estratégica e operacional.

Durante os últimos quatro anos, tem sido responsável pela orientação dos dirigentes da Administração Pública e participantes dos cursos de alta direcção do Instituto Nacional de Administração (INA) na aplicação do modelo de Gestão Estratégica e na implementação da metodologia Balanced Scorecard.

Esteve envolvido na equipa de projecto responsável pela implementação da metodologia Balanced Scorecard no Instituto de Apoio às Pequenas e Médias Empresas e à Inovação (IAPMEI), no Instituto Nacional de Administração (INA) e em outras organizações do sector público e privado. Desenhou e implementou vários modelos de *dashboards*.

É autor do livro *Implementação do Balanced Scorecard no Estado*, de vários cursos e artigos sobre a metodologia Balanced Scorecard e Processos de Monitorização.

Desenvolve também actividade de docente universitário em mestrados, pós-graduações, licenciaturas e de formador nas áreas financeira e de planeamento e acompanhamento organizacional.

É actualmente Vogal do Conselho de Administração do Centro Português de Design.

# PREFÁCIO

A envolvente política, económica e social em que a maior parte das instituições actua nos dias de hoje é caracterizada por fortes vectores de transformação, sejam elas públicas ou privadas. Hoje, a globalização assume-se definitivamente como o maior deles, alavancando de forma exponencial as relações entre as organizações. Se, por um lado, esta globalização oferece às organizações novas oportunidades de negócio, por outro lado, apresenta-lhes um vasto conjunto de novos desafios. Está assim criada a urgência destas organizações se manterem fortemente competitivas, necessitando para isso de inovar de forma sustentada e contínua e apresentar padrões cada vez mais elevados de qualidade nos produtos disponibilizados e serviços prestados aos seus clientes, procurando em simultâneo obter níveis de eficiência crescentes.

Actualmente, para a grande maioria dos Gestores não restam dúvidas de que estes desafios impõem às suas organizações a necessidade de acreditar e utilizar cada vez mais a informação como factor decisivo para o sucesso organizacional. De resto, é evidente a utilização de novos instrumentos de gestão por parte destes Gestores, com o objectivo claro de apoiarem eficazmente a sua administração nos processos de crescimento em ambientes competitivos. Por seu lado, as organizações estão a tomar consciência da importância cada vez maior da necessidade de adopção de ferramentas informáticas que lhes permitam lidar diariamente com a informação necessária à Gestão com qualidade e eficácia. Deste modo, é possível relacionar os resultados operacionais com os objectivos estratégicos, isto é, por em prática a monitorização da estratégia da organização, permitindo, desta forma, uma prestação de contas aos stakeholders da organização mais rápida e transparente.

Neste contexto, é inegável a actualidade e o interesse da presente obra, sendo notória a preocupação do seu autor em aprofundar a temática central da obra, a monitorização da performance organizacional, sem contudo descurar as temáticas que a envolvem. Desta abordagem, fruto da vasta experiência prática do autor nos temas em apreço, resulta a desejável integração da monitorização da performance organizacional no modelo, mais vasto, de gestão estratégica, sendo a sua importância correctamente equacionada e explicada. Assim, mais do que uma simples leitura desta obra, que, sem negligenciar conceitos teóricos essenciais, é eminentemente prática, recomendo vivamente a sua utilização como um guia para a construção e implementação de um modelo de monitorização da performance organizacional.

PROF. AMÍLCAR JOSÉ MARTINS ARANTES

Vogal do Conselho Directivo
do Instituto Nacional de Administração, I.P.

# AGRADECIMENTOS

À Susana,

*Uma Filha, uma Árvore, um Livro.*

À Catarina, ao Limoeiro e à "Implementação do Balanced Scorecard no Estado".

*Um Filho, uma Árvore, um Livro.*

Ao Lourenço, à Laranjeira e à "Monitorização da Performance Organizacional".

Ao Victor Damas e ao João Albuquerque pela preciosa contribuição na revisão, bem como pelas sugestões sempre objectivas e práticas.

Ao César Ramalho por ter contribuído para este livro com a sua longa experiência em *Business Intelligence*.

Ao Dr. José Furtado.

Ao IAPMEI, ao Centro Português de Design e ao Instituto Nacional de Administração.

# NOTA PRÉVIA DO AUTOR

Na elaboração deste livro, esteve sempre presente um conjunto de preocupações que tinha por objectivo garantir a transmissão efectiva de uma experiência real, alcançada durante os últimos sete anos, na definição, implementação e gestão de modelos de monitorização da performance organizacional. Pretende-se assim apresentar um livro de carácter estritamente prático, contemporâneo quanto aos desafios actuais, funcional na esfera pública e privada, de leitura rápida, capaz de responder de forma objectiva às principais questões dos gestores das organizações e respectivos responsáveis pela condução dos processos de monitorização da performance organizacional.

As questões são muitas:

- Como convencer a organização a monitorizar a performance?
- Qual o modelo de monitorização a utilizar?
- Como garantir uma monitorização adequada, autónoma, flexível e simples?
- Quais os aspectos chave da implementação do modelo de monitorização?
- Quais os principais erros cometidos na implementação da monitorização?
- Quem deve estar envolvido na definição e gestão do processo de monitorização?
- Quais as funções do responsável pela monitorização?
- Como definir bons objectivos organizacionais?
- Quais os indicadores mais eficazes?
- Como utilizar indicadores avançados e perspectivar o futuro?
- Como negociar metas ambiciosas e sustentáveis?
- Pode-se monitorar a actividade sem estabelecer metas?
- Qual a frequência com que se deve acompanhar a performance?
- Como registar e recolher a informação referente aos resultados?

- Como credibilizar as fontes de informação?
- Como configurar um *report* de monitorização?
- Qual a estrutura das reuniões para discussão da performance?
- Quem participa e quais os papéis nas reuniões de acompanhamento?
- Quais os requisitos essenciais de um sistema de informação de apoio à monitorização?
- Como construir um manual de procedimentos para regular a monitorização?
- Quais os aspectos críticos na construção de um *dashboard?*
- Quais os gráficos mais eficazes para comunicar os *drivers* da organização?
- Qual o *layout* mais eficiente na configuração de um *dashboard?*
- Etc...?

Em termos de estrutura, foram definidos os seguintes objectivos por capítulo:

| Capítulo | Objectivo central |
|---|---|
| 1 Conceitos introdutórios | *Apresentar as vantagens inerentes à utilização de processos de monitorização da performance organizacional.* |
| 2 Desafios dos processos de gestão | *Explicar os principais constrangimentos dos processos de planeamento e de monitorização da performance.* |
| 3 Variáveis críticas para a construção do modelo de monitorização | *Identificar aspectos críticos para a definição das variáveis fundamentais na configuração do modelo de monitorização.* |
| 4 Estruturação do processo de *reporting* | *Compreender as etapas do processo de reporting de forma a acautelar um sistema expedito e organizado para o registo da informação relevante para a contabilização oportuna dos resultados da organização.* |

| Capítulo | Objectivo central |
|---|---|
| 5 Determinação de objectivos, indicadores e metas | *Orientar na construção de objectivos e indicadores capazes de acompanhar eficazmente a performance organizacional.* |
| 6 Apuramento dos resultados da actividade | *Preparar uma organização para registar, tratar e credibilizar a informação fundamental para a preparação do report de monitorização.* |
| 7 Monitorização de projectos | *Apresentar técnicas e procedimentos para reforçar o processo de planeamento e de monitorização de projectos.* |
| 8 Apresentação e discussão da performance | *Conduzir os elementos de uma organização nos diferentes modelos de exposição e discussão dos seus resultados.* |
| 9 Manual de Procedimentos do processo de monitorização | *Mostrar exemplos de referenciais técnicos capazes de regular processos, calendários, responsáveis e ferramentas no que diz respeito a todo o processo da monitorização.* |
| 10 Construção de *dashboards* | *Apresentar os aspectos críticos ao nível da utilização de gráficos e aplicação de design na configuração de dashboards.* |

# 1. CONCEITOS INTRODUTÓRIOS

## 1.1. Monitorização da performance

Actualmente, o meio envolvente à maior parte das organizações é caracterizado por ser extremamente tumultuoso, permanentemente inconstante, de elevada complexidade e intensamente competitivo. A interacção das organizações com o meio envolvente é contínua, pelo que é cada vez mais um factor crítico de sucesso a rapidez de reposta por parte das organizações aos desafios do dia-a-dia. Respostas rápidas e eficazes perante as mudanças que raramente se conseguem auspiciar e que acontecem diariamente só se conseguem quando as organizações têm maturidade organizacional e rentabilizam a utilização de sistemas de monitorização da sua performance. A gestão por objectivos é, claramente, o instrumento de eleição para a maioria dos processos de monitorização. No entanto, não é o único. O simples acompanhamento dos resultados obtidos é muitas vezes um exercício suficiente para analisar a performance organizacional.

### 1.1.1. *Propósito central da monitorização*

O objectivo central da utilização de qualquer processo de monitorização da performance assenta em:

*Maximizar a probabilidade de sucesso na concretização dos compromissos estabelecidos no Plano Estratégico e no Plano Anual de Actividades e Orçamento, garantindo assim o cumprimento em excelência das atribuições definidas pela Missão, bem como a materialização da Visão da organização.*

Entenda-se sucesso como a obtenção, por parte da organização, de performances que cumpram ou superem o previamente estabelecido.

16     *Monitorização da Performance Organizacional*

Sabendo que o Plano Estratégico e o Plano Anual de Actividades e Orçamento apresentam o caminho para a boa realização da missão corporativa, qualquer processo de monitorização deve assentar no acompanhamento destes compromissos. Um processo de monitorização reforça sempre as possibilidades de êxito na execução estratégica e operacional dos comprometimentos da organização.

A monitorização da performance vai operacionalizar-se particularmente através do documento de *report* (ex.: *tableau de bord*). Este é claramente um instrumento por excelência com capacidade de transportar, na organização e para fora dela, o estado da arte da performance organizacional. O *report*, quando bem construído, pode ainda trazer para a organização outras vantagens nem sempre exploradas:

– Apresentar serviço.
– Apoderar resultados.
– Mostrar impacto.
– Evidenciar poder.
– Alcançar visibilidade.

    i. <u>Apresentar serviço</u> – Ao criar práticas que permitam apurar e registar resultados atingidos, as organizações estão a preparar a informação crítica para expor os resultados do desenvolvimento da sua actividade e, consequentemente, do cumprimento da sua missão. O documento de *report* é, claramente, um dos instrumentos mais eficazes na exposição de performance interna da instituição.

    ii. <u>Apoderar resultados</u> – Algumas organizações apercebem-se que, através do seu *report,* podem potenciar a sua performance, agregando resultados indirectos ou de outras entidades que se encontram debaixo das suas áreas de competência ou da sua coordenação. Começa a ser comum apresentar *reports* com resultados mais alargados, justificados através de posições de coordenação ou através de relações de impacto directo e indirecto.

    iii. <u>Mostrar impacto</u> – Muitas vezes, não é suficiente mostrar trabalho feito. Uma organização consegue mostrar de forma clara que está a cumprir em excelência a sua missão quando consegue demonstrar o impacto gerado pela realização das suas actividades. Em algumas organizações, a demonstração deste impacto nem sempre é uma tarefa fácil, já que o seu apuramento pode constituir um exercício técnico bastante complexo ou até impossível. Em outras situações, este impacto pode levar anos a acontecer, pelo que não terá a oportunidade de surgir nos documentos de prestações de contas actuais.

iv. Evidenciar poder – O *report* pode também ser um veículo eficaz na exibição da dimensão e influência dos parceiros das actividades e projectos de uma instituição. Muitas vezes, acaba por ser mais relevante dar destaque a quem e quantos estão associados/relacionados aos nossos projectos e actividades do que propriamente à apresentação de resultados atingidos. Quanto maior for a dimensão da envolvente associada e quanto mais poder ela tiver, mais difícil será colocar em causa esse projecto/ /actividade, tendo em conta o impacto negativo que poderá daí advir.

v. Alcançar visibilidade – Algumas organizações também utilizam o *report* como instrumento de demonstração de boas práticas internas de gestão que conduzem à exposição da maturidade organizacional da instituição aos olhos dos seus *stakeholders*. Desta forma, valorizam a gestão e os seus gestores, pela aplicação de práticas de gestão evoluídas.

### 1.1.2. Benefícios obtidos com monitorização

Podemos identificar pelo menos 10 objectivos/benefícios obtidos aquando da introdução na organização de processos de monitorização da performance:

– Apurar desvios.
– Identificar as causas dos desvios.
– Identificar constrangimentos futuros.
– Definir medidas correctivas.
– Definir medidas preventivas.
– Ajustar metas.
– Aumentar a responsabilização.
– Gerir de forma mais eficaz.
– Melhorar a prestação de contas com *stakeholders*.
– Reforçar a imagem interna.

Podem constituir-se, como os argumentos explicativos para a implementação interna de processos de monitorização da performance da nossa organização.

i. Apurar desvios – A identificação dos desvios de performance acontece através da comparação entre os resultados produzidos pela organização e as metas intercalares definidas no planeamento. Em termos gerais, os desvios podem assumir três posições: positivos (resultados > metas), negativos (resultados < metas) ou nulos (resultados = metas). Existe também uma preocupação em conhecer a dimensão do desvio. Existem desvios significativos e existem desvios sem expressão. Estes últimos, quando negativos, podem muitas vezes ser considerados pouco críticos, uma vez que podem ser rapidamente recuperados.

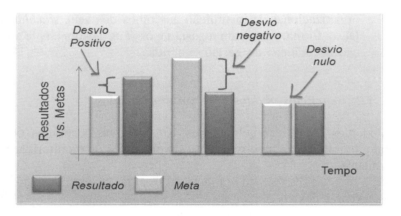

Figura 1 – Apurar desvios

ii. Identificar as causas dos desvios – Consiste na reflexão acerca dos factores que contribuíram para o desvio. Isto é, passa pela compreensão da formação dos resultados. Assume especial importância a identificação das causas que originam desvios negativos. Geralmente, as causas dividem-se em internas e externas à organização. No entanto, as causas podem ser dissecadas com maior pormenor, de forma a expor os aspectos que a possam ter causado. Podemos ter como exemplo: a) Demasiada ambição nas metas – planeamento incorrecto, b) Incapacidade de motivar os colaboradores, c) Falha na capacidade de produção, d) Surgimento de causas externas previsíveis – planeamento débil, e) Surgimento de causas não previsíveis, etc.

iii. Identificar constrangimentos futuros – Quando uma organização se familiariza a monitorar os resultados, acaba por ganhar maior sensibilidade no negócio e, por conseguinte, compreende melhor a geração de resultados, o que muitas vezes permite perspectivar com maior clareza eventuais desvios e/ou causas que possam ocorrer no futuro. Na prática, ganha-se uma maior aptidão para percepcionar as tendências dos resultados.

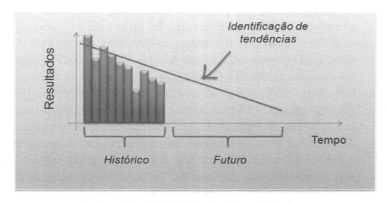

Figura 2 – Identificação de tendências

iv. Definir medidas correctivas – Com a identificação das causas, segue-se a procura de soluções que possam corrigir eventuais desvios negativos. Enquanto, no início do ano, normalmente os desvios não são preocupantes, à medida que a organização se aproxima do momento da prestação de contas, diminui o espaço (tempo) de manobra para a correcção dos desvios negativos.

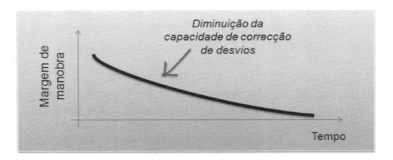

Figura 3 – Capacidade de correcção dos desvios

v. Definir medidas preventivas – Quando a organização consegue percepcionar o acontecimento no futuro de possíveis desvios negativos, pode já hoje tomar as medidas capazes de evitar a ocorrência dessas situações. Muitas destas medidas assentam no reajustamento de prioridades e de recursos internos (ex.: humanos, materiais e financeiros).

vi. Ajustar metas – Muitas vezes, a organização percebe que as metas já não são possíveis de ser alcançadas, pelo que necessita de ajustar a anterior ambição à nova realidade. A monitorização é, muitas vezes, o elemento que despoleta e fundamenta a revisão e o reajustamento dos planos. Não faz sentido manter metas inatingíveis, já que podem ter um efeito desmoralizador nos colaboradores. No capítulo 5 será desenvolvido os aspectos relacionados com o ajuste de metas.

vii. Aumentar a responsabilização – O processo de monitorização potencia o efeito de responsabilização, uma vez que cria uma rotina de apuramento de resultados e análise de performance. A organização e colaboradores habituam-se à monitorização e, consequentemente, aos *drivers* críticos para a formação de resultados. A responsabilização é também reforçada pelo aumento do nível da exposição dos resultados e, naturalmente, do aumento do nível de transparência organizacional.

viii. Gerir de forma mais eficaz – A monitorização satisfaz a gestão ao conseguir responder às questões críticas de qualquer organização: Como estávamos? Como estamos agora? Como evoluímos face ao período anterior? Como poderemos vir a estar no futuro? Como podemos corrigir? Qual foi a eficácia das nossas medidas correctivas? Quem contribuiu para o sucesso? Etc.

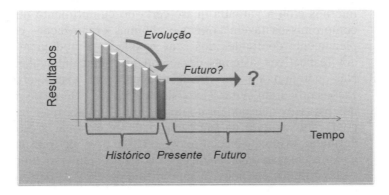

Figura 4 – Perspectivar o futuro

ix. Melhorar a prestação de contas com *stakeholders* – Na prestação de contas com os principais *stakeholders*, a existência de um processo interno de monitorização facilita sempre, na medida em que auxilia a organização na explicação e demonstração da performance obtida, dos condicionantes/constrangimentos suportados e das medidas/decisões tomadas.
x. Reforçar a imagem interna – As organizações que têm sistemas de acompanhamento da performance, rapidamente se destacam das restantes como entidades de elevada maturidade organizacional que utilizam processos modernos e profissionais para a gestão do seu negócio.

### 1.1.3. Principais razões da não monitorização

Algumas organizações optam, hoje em dia, por não acompanhar a sua performance. Esta decisão assenta basicamente nos seguintes aspectos:

– Não necessitam de monitorar.
– Não querem monitorar.

- Ainda não decidiram monitorar.
- Não conseguem monitorar.
- Não sabem como monitorar.

i. <u>Não necessitam de monitorar</u> – A simplicidade dos processos internos e/ou a garantia quase certa do cumprimento dos seus compromissos fazem com que algumas organizações estejam plenamente confiantes dos seus resultados e abdiquem assim dos respectivos sistemas de acompanhamento intercalar.

ii. <u>Não querem monitorar</u> – Basicamente, nesta situação, as organizações procuram evitar a exposição interna e externa de resultados escassos que podem comprometer a gestão, quer nas suas competências quer na sua capacidade de executar a estratégia definida. Assume especial relevo o baixo nível de transparência na apresentação das realizações e dos seus resultados/impactos, o que dificulta em muito o apuramento do nível de performance da organização.

iii. <u>Ainda não decidiram monitorar</u> – Nesta situação, encontram-se algumas organizações que simplesmente ainda não reflectiram sobre os benefícios do processo de monitorização e assumem uma postura passiva. Acresce, em algumas, que a prestação de contas para com os seus *stakeholders* não assume especial consideração, pelo que resfria a vontade interna em iniciar uma nova etapa na gestão com a introdução de um sistema de monitorização.

iv. <u>Não conseguem monitorar</u> – A complexidade de registo e/ou medição da performance da sua actividade condiciona, à partida, a introdução do processo de monitorização, quer pela incapacidade analítica do cálculo quer pela morosidade do processo ou mesmo pelo custo financeiro inerente ao apuramento dos resultados (ex.: necessidade de introduzir sistemas de informação dispendiosos).

v. <u>Não sabem como monitorar</u> – Desconhecem por completo quais as técnicas e os instrumentos para a monitorização. Não dominam a prática de definição de objectivos, de construção de indicadores nem os procedimentos do *reporting*.

## 1.2. Papel da gestão estratégica

A gestão estratégica pode ser dividida em três fases distintas: i) Análise estratégica; ii) Formulação estratégica; iii) Revisão estratégica. Constitui-se como um modelo cíclico, já que a aprendizagem gerada por via da monitorização da performance organizacional e da prestação de contas alimentam a etapa da análise estratégica do ciclo seguinte. Este ciclo acaba por ser indissociável do ciclo de gestão operacional. Ambos acabam por se cruzar, na medida que a componente operativa é responsável pela concretização do sonho estratégico.

A fusão do ciclo de gestão estratégica e operacional origina 6 fases:

1.ª fase – Análise estratégica
2.ª fase – Formulação estratégica
3.ª fase – Implementação da estratégia
4.ª fase – Monitorização da performance
5.ª fase – Prestação de contas
6.ª fase – Revisão estratégica

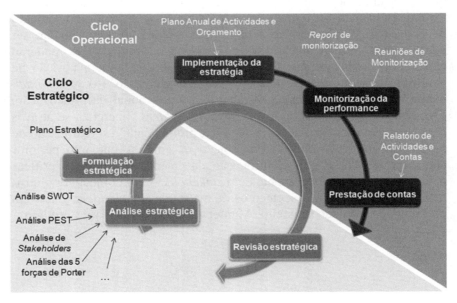

Figura 5 – Modelo de gestão estratégica

## 1.2.1. Análise estratégica

Também conhecido por diagnóstico estratégico ou estudo estratégico, tem por objectivo principal proceder à análise da envolvente externa e da componente interna da organização. Nesta fase, o que importa é conhecer verdadeiramente a organização ao nível dos seus recursos humanos, recursos financeiros, recursos materiais, capacidades instaladas, competências internas e o meio onde a instituição se encontra inserida. É da máxima importância perspectivar com rigor a evolução desse meio durante o horizonte temporal do período de análise estratégica, de forma a que a estratégia que venha a ser definida possa prevenir-se das ameaças e aproveitar as oportunidades. Duas das principais ferramentas que os gestores podem utilizar no diagnóstico estratégico são a análise dos *stakeholders* e a análise SWOT.

O sucesso da estratégia de qualquer organização depende também da forma como esta vai gerir aqueles que têm interesses na organização. Os *stakeholders* podem ser indivíduos, grupos de interesses ou organizações que disputam o controlo de recursos e resultados de uma organização para proveito dos próprios. A análise de *stakeholders* irá permitir que a organização conheça com rigor quem são, o que pretendem e o nível de influência que têm. Cada *stakeholder* é motivado por um conjunto de objectivos. Na maior parte das vezes, esses objectivos podem ser conflituantes com os objectivos da organização. Outras vezes, poderão existir objectivos comuns. Cabe à organização encontrar a posição de equilíbrio que optimize a relação entre a organização e o *stakeholder,* maximizando a *performance* estratégica e operacional da organização. Em termos operacionais, a análise de *stakeholders* concretiza-se através da elaboração da matriz de *stakeholders*, promovendo a identificação de parcerias com *stakeholders* com objectivos comuns que irão permitir alavancar resultados e a identificação das medidas operativas críticas para a gestão do relacionamento com *stakeholders* com objectivos conflituantes em cada um dos segmentos da matriz de *stakeholders* (Gerir em proximidade, Manter satisfeito, Manter informado e Esforço mínimo).

|  |  | Nível de Interesse | |
| --- | --- | --- | --- |
|  |  | *Baixo* | *Elevado* |
| Nível de Poder | *Baixo* | Esforço mínimo | Manter informado |
|  | *Elevado* | Manter satisfeito | Gerir em Proximidade |

Figura 6 – Modelo de Matriz de *stakeholders*

A análise SWOT permitirá fundamentar a estratégia a seguir pela organização e consubstancia-se no estudo da matriz SWOT. O termo SWOT é uma sigla oriunda do idioma Inglês, constituindo um anagrama de: Forças (*Strengths*), Fraquezas (*Weaknesses*), Oportunidades (*Opportunities*) e Ameaças (*Threats*). As forças e fraquezas são determinadas pela posição actual da organização e relacionam-se com factores internos. As oportunidades e ameaças são antecipações de um futuro enquadrado no horizonte temporal do estudo estratégico e estão relacionadas com factores externos. O ambiente interno é controlado pelos gestores da organização, uma vez que ele é resultado das estratégias de actuação definidas pelos próprios. O ambiente externo está, de alguma forma, fora do controle da organização. Contudo, apesar de não poder controlar directamente este ambiente, a organização deve conhecê-lo e monitorizá-lo com frequência, de forma a aproveitar as oportunidades e evitar as ameaças. O cruzamento dos pontos fortes, fracos, ameaças e oportunidades faz-se numa matriz – matriz SWOT – que suporta a análise SWOT. Os resultados desta análise deverão servir de base à delineação da estratégia a seguir pela organização, ou seja, as grandes linhas de orientação estratégica devem ser extraídas das conclusões da análise SWOT.

| | Ambiente Interno | | | | | | | | | |
|---|---|---|---|---|---|---|---|---|---|---|
| | Pontos Fracos | | | | | Pontos Fortes | | | | |
| | Ponto fraco 1 | Ponto fraco 2 | Ponto fraco 3 | Ponto fraco 4 | ... | Ponto forte 1 | Ponto forte 2 | Ponto forte 3 | Ponto forte 4 | ... |
| Ameaça 1 | * | | | | | | | | | |
| Ameaça 2 | | | | | | | | | | |
| Ameaça 3 | | | | | | | | | | |
| Ameaça 4 | | | | | | | | | | |
| ... | | | | | | | | | | |
| Oportunidade 1 | | | | | | | | | | |
| Oportunidade 2 | | | | | | | | | | |
| Oportunidade 3 | | | | | | | | | | |
| Oportunidade 4 | | | | | | | | | | |
| ... | | | | | | | | | | |

*Ambiente Externo — Ameaças / Oportunidades*

* A colocação do sinal (+) ou (-) sob as colunas "pontos fracos" e "pontos fortes" deve ser feita de acordo com a seguinte legenda: ( + ) Interacção positiva: ameaça combatida ou aproveitamento de oportunidade. ( – ) Interacção negativa: ameaça potenciada ou oportunidade desperdiçada.

Figura 7 – Modelo de Matriz SWOT

Existem ainda outros instrumentos de análise estratégica muito utilizados. A análise das 5 forças de Porter é um modelo concebido por Michael Porter para análise do nível de competição entre empresas. Considera existir cinco factores, ou "forças competitivas", que devem ser estudados para que se possa desenvolver uma estratégia empresarial eficaz. As cinco forças de Porter são: Rivalidade entre os concorrentes, Poder negocial dos clientes, Poder negocial dos fornecedores, Ameaça de entrada de novos concorrentes e a Ameaça de produtos substitutos.

| | | | Risco | | | | |
|---|---|---|---|---|---|---|---|
| | | | Elevado | Médio | Baixo | Nulo | Análise Global |
| Forças | Ameaça de entrada de novos concorrentes | • | * | | | | |
| | | • | | | | | ** |
| | | • | | | | | |
| | Ameaça de produtos substitutos | • | | | | | |
| | | • | | | | | |
| | | • | | | | | |
| | Poder negocial dos clientes | • | | | | | |
| | | • | | | | | |
| | | • | | | | | |
| | Rivalidade entre os concorrentes | • | | | | | |
| | | • | | | | | |
| | | • | | | | | |
| | Poder negocial dos fornecedores | • | | | | | |
| | | • | | | | | |
| | | • | | | | | |

\* A colocação do sinal "x" indica o tipo de risco. \*\* Identifica-se o tipo de risco em termos globais por cada uma das 5 forças.

Figura 8 – Modelo de Matriz de análise das 5 Forças de Porter

Existe também a análise PEST, cuja sigla corresponde às iniciais dos quatro grupos de factores a serem analisados: Político-Legais, Económicos, Sociais e Tecnológicos. Este modelo analisa a envolvente externa macro-ambiental da organização. Factores Político-Legais: estabilidade governativa, legislação e regulamentação dos mercados, política fiscal, legislação laboral, etc. Factores Económicos: evolução do produto, taxas de juro, taxa de inflação, nível de desemprego, níveis salariais, custo da energia e de outros factores produtivos. Factores Sociais: tendências demográficas, hábitos de consumo, estilos de vida, distribuição do rendimento, sistema educativo. Factores Tecnológicos: investimentos públicos e privados em I&D, protecção de patentes, velocidade de transferência de tecnologia. Cada um dos factores apresentados caracteriza-se por estar fora do controlo directo da empresa, podendo contudo representar ameaças ou oportunidades que a organização deverá procurar evitar ou aproveitar.

| | | | Tipo de Impacto | | |
|---|---|---|---|---|---|
| | | | Positivo | Neutro | Negativo |
| Factores | Político Legais | • | | | |
| | | • | * | | |
| | | • | | | |
| | Económicos | • | | | |
| | | • | | | |
| | | • | | | |
| | Sociais | • | | | |
| | | • | | | |
| | | • | | | |
| | Tecnológicos | • | | | |
| | | • | | | |
| | | • | | | |

    * A colocação do sinal "x" indica o tipo de impacto que cada subfactor pode ter na organização.

Figura 9 – Modelo de Matriz de análise PEST

## 1.2.2. Formulação estratégica

A fase da formulação estratégica é subsequente à fase de análise estratégica e tem por objectivo a elaboração do Plano Estratégico para a instituição. Neste documento, são apresentados a missão, a visão, os valores institucionais, as grandes prioridades estratégicas, os principais objectivos, as metas a atingir e os projectos estratégicos a executar. Este plano reflecte essencialmente uma visão de médio longo prazo, geralmente 3 anos, e tem por objectivo apresentar as grandes linhas de orientação estratégica essenciais para apoiar a construção dos respectivos Planos de Actividade e Orçamento da organização.

A construção do Plano Estratégico deve ser uma tarefa da responsabilidade da gestão de topo da organização. Eventualmente, pode ser assistida por uma unidade orgânica com competências na área de planeamento ou mesmo por consultores de gestão externos à organização. É claramente um documento que traduz o pensamento estratégico de quem tem a responsabilidade de gerir a organização.

## 1.2.3. Revisão estratégica

A revisão estratégica não é mais do que a reanálise estratégica da organização após a identificação de informações de carácter relevante que tenham comprometido ou possam vir a afectar a estratégia definida anteriormente. A monitorização da performance e a prestação de contas são geradores de momentos que promovem o reconhecimento de novos dados que podem obrigar ao reajustamento da estratégia nos aspectos mais essenciais como as grandes linhas de orientação e objectivos, ou simplesmente adaptações às metas estabelecidas inicialmente.

Nos diferentes momentos de monitorização da performance organizacional que uma instituição executa ao longo do ano (ex.: mensalmente, trimestralmente, quadrimestralmente, etc.), os gestores da organização são confrontados com a exposição dos resultados intercalares. Através da leitura do nível dos desvios e do entendimento das suas causas, os gestores rapidamente terão informações que permitirão perceber que as metas definidas dificilmente serão atingidas e que a situação actual pode eventualmente comprometer os objectivos e as grandes linhas de orientação estratégica da organização.

No momento da prestação de contas, a organização faz o balanço anual da sua actividade, apresentando o nível de performance obtido, os principais constrangimentos suportados, as decisões tomadas e a sua eficácia. São, na verdade, momentos que fundamentam a revisão e o reajustamento dos planos já delineados. O não reajustamento da estratégia às novas condições poderá ter efeitos negativos dentro da organização, já que rapidamente se aperceberá da inexistência de uma estratégia séria. Qualquer sistema de monitorização que esteja a funcionar, rapidamente perecerá dada a sua não aderência à realidade.

## 1.3. Atribuições da gestão operacional

O ciclo de gestão operacional está colado ao ciclo de gestão estratégica. Enquanto o segundo está orientado para o médio longo prazo, o primeiro centra-se exclusivamente no curto prazo – 1 ano. Este ciclo acaba por ser único, existindo, no entanto, componentes de carácter estratégico e componentes de carácter operacional. Existe, neste ciclo, planeamento de médio e longo prazo – Plano Estratégico – e existe também planeamento de curto prazo – Plano Anual de Actividades e Orçamento. A monitorização e prestação de contas faz-se essencialmente orientada para o curto prazo, onde se pode, com maior pormenor, acompanhar e avaliar a performance obtida. A componente estratégica orienta a componente de curto prazo e a avaliação da execução desta permite ir aperfeiçoando a primeira.

### 1.3.1. *Planeamento operacional*

O planeamento operacional é determinado através da elaboração do Plano Anual de Actividades e Orçamento. Este documento centra-se no curto prazo, uma vez que tem como horizonte temporal apenas um ano. Existindo na instituição um Plano Estratégico, este terá como missão entregar as orientações gerais para a construção do Plano Anual de Actividades. É através deste documento que se quantifica a ambição dos objectivos a atingir, que se programa as actividades e projectos a realizar e que se mobiliza os recursos humanos, materiais e financeiros, constituindo-se assim como um documento verdadeiramente concretizador do sonho estratégico. A componente do orçamento anual não é mais do que a quantificação financeira da ambição proposta pelo Plano Anual de Actividades.

*Conceitos Introdutórios* 31

A produção deste documento tem, geralmente, a participação activa das chefias das unidades orgânicas da organização. Durante a elaboração do Plano Anual de Actividades, devem as chefias fomentar e assegurar a efectiva participação de todos os seus colaboradores. Existem vantagens muito claras em promover processos participativos de construção do Plano Anual de Actividades.

O processo de elaboração do Plano de Actividades envolve os meses de Julho a Agosto na Administração Pública e Novembro a Dezembro no sector privado. Concluída a elaboração e aprovação do Plano Anual de Actividades, deverá ser divulgado por todos os colaboradores da organização. No sector privado, a divulgação deste documento pode, por vezes, ser condicionada de forma a proteger a confidencialidade da estratégia e do negócio.

### 1.3.2. *Monitorização da performance*

Nos pontos anteriores, tivemos a oportunidade de conhecer o porquê da necessidade imperativa de promover processos de monitorização nas organizações e quais as vantagens que se obtêm através da sua implementação.

O processo de monitorização da performance deve ser coerente com o ciclo de gestão e aplicado de forma contínua ao longo do ano, permitindo efectuar o acompanhamento com oportunidade para a tomada de decisão por parte dos seus responsáveis.

O acompanhamento deve centrar-se na avaliação da performance dos objectivos definidos, na avaliação da eficiência dos processos desenvolvidos e na avaliação da execução e dos resultados dos projectos concluídos ou a decorrer.

Apesar de na maior parte das organizações a monitorização estar essencialmente orientada para o acompanhamento operacional de curto prazo, as organizações devem também associar à monitorização à componente estratégica, de modo a poderem também acompanhar a sua performance. Esta preocupação traz vantagens, nomeadamente ao manter-se vivo o principal documento de orientação estratégica da organização – Plano Estratégico. Desta forma, não se perde de vista a visão de médio e longo prazo. Dá-se efectiva funcionalidade ao Plano Estratégico e compreende-se melhor a razão das acções operativas da organização. Importa que no *report* de monitorização da performance constem também objectivos de carácter estratégico que possam, de facto, ser acompanhados através

# Monitorização da Performance Organizacional

de indicadores. É para isso necessário que a organização consiga quantificar a ambição desses objectivos através da estabilização de metas muito concretas.

### 1.3.3. *Prestação de contas*

O princípio da "responsabilidade", enquanto "obrigação de prestar contas", e tomando a palavra como equivalente à expressão inglesa *accountability*, apresenta-se como indissociável da avaliação da credibilidade de organizações privadas e públicas.

Compete ao órgão de gestão o dever de elaborar e submeter aos órgãos sociais os documentos de prestação de contas previstos na lei relativos a cada exercício anual. É através da prestação de contas que as organizações apresentam o nível de performance dos seus resultados, explicam os seus desvios e comentam a eficácia das medidas tomadas na resolução dos seus problemas.

Relativamente ao conteúdo dos documentos de prestação de contas, estes incluem as demonstrações financeiras, o relatório de gestão e, se aplicável, o relatório e parecer do órgão de fiscalização (conselho fiscal/ fiscal único), bem como a certificação legal das contas emitida pelo revisor oficial de contas.

A prestação de contas tem assim por objectivo apresentar a um conjunto de *stakeholders* da organização a forma como esta conseguiu ou não dar cumprimento ao "sonho" estratégico da organização, na concretização do seu Plano de Actividades e Orçamento.

Hoje em dia, a prestação de contas está a evoluir para um patamar francamente superior. A comunicação da performance organizacional já não se centra apenas em matérias financeiras. Existem preocupações em matérias de ética, responsabilidade social e sustentabilidade das actividades desenvolvidas. A prestação de contas deixou de ser exclusiva para os accionistas, e ganhou um público mais alargado – *stakeholders* em geral. Este formato de prestação de contas constitui, actualmente, uma imposição para aquelas instituições que pretendem reclamar condutas de gestão responsáveis.

No panorama da Administração Pública, *accountability* significa ampliar o conceito de prestação de contas, de modo a nele incluir não só a tutela política como também todos aqueles que são influenciados pelas respectivas decisões. Neste enquadramento, ser *accountable* implica, essencialmente, explicar decisões e sujeitá-las à discussão com os *stakeholders* que por elas são afectados, colocando a organização num contínuo escrutínio público.

# 2. DESAFIOS DOS PROCESSOS DE GESTÃO

## 2.1. Principais constrangimentos no planeamento

Nos processos de planeamento estratégico e operacional, existem essencialmente três tipos de constrangimentos que afectam a capacidade de uma organização estabilizar e concretizar os seus planos estratégico e de actividades. Esta situação tem quase sempre consequências negativas, nomeadamente ao nível da fixação dos seus objectivos, da quantificação das respectivas metas a atingir e da identificação dos projectos a desenvolver. Podemos apresentar os seguintes tipos de constrangimentos mais comuns:

- Inexistência de estratégia objectiva.
- Actividades com elevado grau de incerteza.
- Instabilidade dos recursos humanos e financeiros.

### 2.1.1. *Inexistência de estratégia objectiva*

É comum existirem organizações que têm perdurado sem a definição de qualquer orientação estratégica objectiva. Apesar de se poder encontrar algumas organizações que conseguiram mesmo assim crescer de forma significativa e até obter algum sucesso organizacional, quer por sorte da conjuntura onde se encontram inseridas ou mesmo por uma eficaz gestão intuitiva por parte dos seus gestores, a inexistência de estratégia tem efeitos negativos em quase todos os níveis da organização. Os prejuízos são vários: perda de oportunidades de intervenção da organização, risco de transparecer internamente e externamente uma gestão sem propósitos, ausência de prioridades, chefias com discurso pouco coerente, noção interna de rumo incerto, desvalorização da liderança, colaboradores desmotivados, etc.

Outras organizações apenas conseguiram obter algum êxito organizacional, ficando aquém do nível de performance que poderiam ter obtido caso tivesse uma gestão organizada com um caminho bem identificado e clarificado internamente.

No entanto, a maior parte das organizações acaba por falhar no cumprimento da sua missão e também na concretização da sua visão organizacional. O insucesso não demora muito tempo a surgir e acaba por ganhar visibilidade, mesmo quando se tenta dissimular uma gestão sem sentido. A consequência é quase sempre negativa e acaba por depreciar a liderança e as suas próprias competências de gestão.

### 2.1.2. Actividades com elevado grau de incerteza

Existem algumas organizações que, pela especificidade das suas actividades, têm dificuldades acrescidas na quantificação concreta dos seus objectivos. Existem basicamente duas situações:

– Procura externa irregular.
– Dificuldades de apuramento da capacidade instalada.

As organizações em que a sua actividade está praticamente dependente do nível da procura e esta apresenta comportamentos não consistentes e de pouca previsibilidade geram automaticamente constrangimentos na difícil tarefa do planeamento da actividade.

A incapacidade ou o desinteresse em determinar a verdadeira capacidade instalada, ou seja, o alcance produtivo efectivo da nossa organização, é claramente uma situação que também impossibilita um bom planeamento da actividade. Entenda-se um bom planeamento como a identificação, com precisão realista, da capacidade de produção da organização. Qualquer planeamento que assente simplesmente em pressupostos pouco consistentes com a realidade, acaba sempre por gerar efeitos negativos na organização, quer o planeamento apresente demasiada ambição ou simplesmente falta dela.

### 2.1.3. Instabilidade dos recursos humanos e financeiros

A instabilidade na garantia da disponibilidade de recursos humanos e ou financeiros é muitas vezes um constrangimento demasiado forte para a gestão. Pode ser o suficiente para desmotivar os gestores em estabilizar uma estratégia séria para a organização. A não existência de certezas do quadro de recursos humanos que poderá estar disponível para a organização, implica a não existência de competências necessárias ao cumprimento da sua missão. Os constrangimentos financeiros fortes podem condicionar, logo à partida, a execução das medidas essenciais à realização do negócio nos padrões de qualidade e eficácia exigidos.

Muitas administrações, perspectivando falhas críticas nos recursos humanos e financeiros indispensáveis à prossecução da actividade, acabam por abdicar da formalização de estratégias que sabem que, à partida, têm um elevado grau de probabilidade de não vir a ser concretizadas. Importa, em primeiro lugar, garantir os requisitos mínimos de funcionamento organizacional, para que depois a organização possa pensar em como poderá cumprir a sua missão com qualidade, de forma eficaz e perspectivando o crescimento.

A visualização quase certa de performances negativas faz com que os gestores não queiram definir objectivos que apenas iriam servir para comprometer a imagem da sua gestão. Assim, raramente se produzem planos estratégicos.

## 2.2. Principais ameaças ao sucesso da monitorização

A implementação de um processo de monitorização da performance organizacional requer, essencialmente: adequabilidade, autonomia, simplicidade e flexibilidade. i) Adequabilidade porque o modelo deve estar ajustado às especificidades da organização e não o contrário; ii) Autonomia porque é essencial que o processo não seja passado para trás ao primeiro sinal de surgimento de novas prioridades; iii) Simplicidade porque ajuda o entendimento, facilita a aplicação e potencia a utilização; iv) Flexibilidade porque o ambiente das organizações altera-se rapidamente e é necessário que o modelo se mantenha adequado em tempo útil. Existem ainda pelo menos três situações que podem comprometer o sucesso da implementação do processo de monitorização:

- Monitorização desalinhada da estratégia.
- Resistência organizacional à monitorização.
- Implementação de modelos de monitorização de elevada complexidade.

## 2.2.1. Monitorização desalinhada da estratégia

A fraca consistência entre a estratégia definida e aprovada numa organização, nomeadamente no que diz respeitos aos objectivos que se pretendem atingir e os instrumentos que são utilizados para efectuar o seu acompanhamento, podem ameaçar a eficácia do modelo utilizado.

Quando se acompanha qualquer outra coisa menos aquilo que está definido, aprovado e comunicado nos documentos de planeamento, corre-se o risco de estar a monitorizar variáveis não explicativas e sem relevância para o apuramento verdadeiro do grau de concretização da estratégia e das operações.

Essencialmente, estas situações ocorrem com deficiente definição de objectivos estratégicos, operacionais e indicadores de medição. Ao nível dos indicadores, verifica-se falta de pertinência destes para com os objectivos, ou seja, o objectivo identifica uma determinada intenção e o indicador tenta aferir outra. Ao nível dos objectivos, não se consegue perceber efectivamente como a sua realização permite o cumprimento da missão e da concretização da visão da organização.

Importa, numa primeira fase, apresentar estratégias coerentes, coladas à realidade em que vivem as organizações, capazes de serem compreendidas por todos os seus actores críticos. Numa segunda fase, interessa construir indicadores que possam, de facto, monitorar as intenções estratégicas e operacionais, ao mesmo tempo que clarificam a evolução da sua performance de forma eficaz.


## 2.2.2. Resistência organizacional à monitorização

A implementação de um sistema de monitorização intimida a maior parte dos indivíduos de uma organização. Dificilmente encontraremos alguém que, de forma sincera, diga que aprecia ver as suas realizações monitorizadas com regularidade. A gestão por objectivos vai mais longe ao impor metas. Nesta situação, existe uma pressão constante para que o ritmo humano de cada um de nós se ajuste ao ritmo organizacional, o que geralmente é gerador de preocupações, ansiedade e stress.

Acresce ainda que nem todos olhamos para a monitorização da performance da mesma forma. A gestão de topo vê o processo de monitorização como um instrumento de apoio à decisão. A gestão intermédia vê o processo de monitorização como um instrumento de acompanhamento dos seus operativos. Os colaboradores em geral vêm o processo de monitorização como um instrumento controlador.

No entanto, pode não interessar à gestão de topo a sua implementação, já que poderá não existir nenhuma vantagem na exposição dos seus resultados, ou interessar já que com isso consegue projectar-se internamente e externamente. Os gestores intermédios e os colaboradores podem também estar interessados, quer pela oportunidade de expor a excelência ou podem também não estar interessados, preferindo não dar muita visibilidade à sua performance, quer por não existirem as condições para a atingir ou porque simplesmente não querem.

Caberá à equipa responsável pela implementação do modelo de monitorização definir o modelo de intervenção ideal capaz de gerir eficazmente todas sensibilidades internas. A conquista da organização passa essencialmente por:

- Obter o comprometimento da gestão de topo.
- Envolver a gestão de topo no acompanhamento da implementação.
- Conseguir transmitir os objectivos inerentes à sua implementação.
- Conseguir apresentar as vantagens que poderão ser obtidas.
- Antecipar possíveis obstáculos e preparar medidas de blindagem.
- Conquistar para o processo os elementos mais críticos da organização.
- Envolver a organização em geral durante o processo de implementação.
- Assumir uma posição colaborativa.
- Assumir uma postura proactiva.

### 2.2.3. *Implementação de modelos de monitorização de elevada complexidade*

A implementação de modelos de monitorização complexos é um erro cometido em larga escala por uma grande parte das organizações que hoje em dia decide implementar modelos de monitorização da performance. Este erro assenta na definição e construção de processos de acompanhamento demasiado complicados, apresentando particularidades e funcionalidades muito acima daquilo que a organização realmente necessita, para poder acompanhar a performance organizacional de forma eficaz.

Esta situação acontece, essencialmente, por dois motivos:

– Excessiva preocupação técnica do implementador.
– Excessiva ambição do utilizador por funcionalidades triviais.

A excessiva preocupação técnica por parte do implementador em garantir todas as funcionalidades é, muitas vezes, um erro que pode sair caro à organização. Revela uma falha de perspectiva de gestão organizacional ao focar-se em demasiados aspectos de pormenor técnico, o que origina perda de visão global do projecto. Importa que a implementação do modelo seja acompanhada, quer no início na preparação dos termos de referência quer no acompanhamento da implementação, por aqueles que o irão de facto utilizar. Não se pode perder de vista a objectividade e o bom senso. Quem implementa não pode esquecer para que serve o instrumento. Quem utiliza deve focar-se nos aspectos essenciais. Obviamente, é importante perceber como a organização vai evoluir, de modo a não arriscar a entrega de um modelo que rapidamente poderá ficar ultrapassado.

A excessiva ambição do utilizador por funcionalidades triviais é também um factor que coloca em risco o sucesso do projecto. Surge, essencialmente, quando se perde a visão prática dos objectivos da monitorização e quando a organização não se prepara correctamente para definir objectivamente aquilo de que necessita. Uma forma de reduzir drasticamente este factor é através da exploração prévia, sem compromisso, por parte da organização, dos diferentes tipos de modelos que existem, quer falando com actuais utilizadores quer reunindo com os respectivos fornecedores destes modelos.

Em muitas organizações, bastam apenas 10 indicadores para acompanhar a performance de forma eficaz. O modelo mais complexo nem sempre será o melhor.

## 2.3. A importância da consistência do ciclo de gestão

A consistência do ciclo de gestão resume-se ao respeito pelo cumprimento sequencial da produção dos documentos estratégicos e operacionais e à execução das actividades complementares de apoio a esse ciclo – Elaboração do Plano estratégico, Elaboração do Plano Anual de Actividades e Orçamento, Definição de metas intercalares, Monitorização da performance, Discussão de resultados intercalares anuais e elaboração do Relatório de Actividades e Contas.

Quando o processo de planeamento, acompanhamento e prestação de contas está correctamente encadeado e respeita os tempos correctos para a sua execução, a organização reforça a sua maturidade organizacional, o que traz benefícios concretos à gestão, à motivação dos colaboradores e à própria imagem da organização.

### 2.3.1. *Efeitos de um ciclo de gestão não consistente*

As consequências do não alinhamento do ciclo de gestão podem ser várias: i) Perda de actualidade da estratégia; ii) Perda de actualidade das actividades operacionais; iii) Falta de coerência entre os objectivos estratégicos e operacionais; iv) Inadequação do processo de monitorização aos compromissos da organização; v) Perda de eficácia do planeamento; vi) Desvalorização do processo de planeamento, acompanhamento e prestação de contas, etc.

Em muitas organizações, o Plano Estratégico é um documento que não tem actualidade. Esta situação tem origem na inexistência de procedimentos internos conducentes à revisão estratégica do documento por parte da organização. Poucas organizações definem procedimentos anuais para revisitar o Plano Estratégico e confirmar a sua actualidade. Existem algumas organizações que costumam ter o cuidado de, durante o horizonte temporal do Plano Estratégico, identificar alguma inconsistência e procedem a, pelo menos, uma revisão.

O Plano Anual de Actividades também pode sofrer uma desactualização. Não é raro ver organizações a desenvolver actividades e projectos que não estão reflectidos nas intenções específicas do plano. Os desvios geralmente ocorrem pelo surgimento de novas prioridades impostas ou identificadas pela análise informal da conjuntura actual. A não formalização das novas apostas através da construção da versão revista do plano pode gerar confusão operacional na organização, bem como tornar inadequado o processo de monitorização da performance da organização.

A falta de coerência entre as intenções estratégicas e operacionais acaba por colocar em causa a seriedade do próprio processo de planeamento da organização. Em caso extremo, a própria competência da liderança da organização pode ser colocada em causa.

### 2.3.2. Alinhamento temporal do ciclo de gestão

Em termos de linha temporal, importa que o Plano Estratégico possa chegar em tempo oportuno, para ser comunicado a toda a organização, no momento anterior à construção do Plano Anual de Actividades e Orçamento. Desta forma, a organização estará a facilitar o entendimento do caminho que pretende seguir e, com isso, potenciar o envolvimento dos seus colaboradores na entrega de contributos para a preparação do Plano Anual de Actividades e Orçamento. O Plano Estratégico deve ser um documento dinâmico, capaz de absorver, em tempo útil, a aprendizagem gerada pelo processo de Monitorização e pelas conclusões do Relatório de Actividades e Contas. Neste sentido, a organização deve equacionar a sua revisão numa base anual.

A monitorização da performance acaba por acompanhar a actividade operacional e estratégica. O modelo a implementar deverá ter em conta as características e as necessidades específicas da organização. No capítulo seguinte, será desenvolvida especificamente esta matéria.

O Relatório de Actividades e Contas, sendo um documento de prestação de contas, é preparado nos primeiros meses do ano e tem por objectivo relatar o trajecto efectuado pela organização no ano anterior, nomeadamente através da avaliação do grau de concretização dos objectivos e projectos que se encontravam previstos no Plano Anual de Actividades e Orçamento.

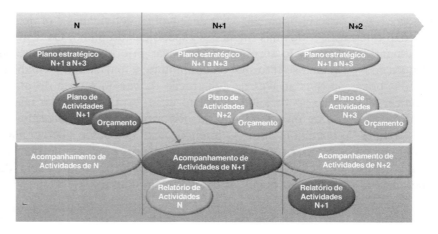

Figura 10 – Alinhamento temporal do ciclo de gestão

### 2.3.3. *Calendário das responsabilidades da Gestão*

A estabilização e comunicação de um calendário, com a identificação clara das responsabilidades do ciclo de gestão, é fundamental para que todos os actores do processo possam compreender a coerência da sequência de produção.

Uma das formas mais eficazes de o fazer é através da construção de um quadro semelhante ao que se apresenta de seguida:

| n# | Documento | Elaboração | | Aprovação | | Destinatários | Data |
|---|---|---|---|---|---|---|---|
| | | Responsáveis | Data | Responsáveis | Data | | |
| 1 | Plano Estratégico | | | | | | |
| 2 | Plano Anual de Actividades e Orçamento | | | | | | |
| 3 | Estabilização das metas intercalares | | | | | | |
| 4 | Monitorização | | | | | | |
| 5 | Balanço anual | | | | | | |
| 6 | Relatório Anual de Actividades e Contas | | | | | | |
| 7 | ... | | | | | | |

Figura 11 – Modelo de apresentação das responsabilidades
do ciclo de gestão

Desta forma, clarifica-se quem coordena e quem participa na elaboração, quem aprova e quem são os destinatários. São também identificadas as datas de conclusão de cada uma das fases.

Por exemplo:

| n# | Documento | Elaboração | | Aprovação | | Destinatários | Data |
|---|---|---|---|---|---|---|---|
| | | Responsáveis | Data | Responsáveis | Data | | |
| 2 | Plano Anual de Actividades e Orçamento | .Unidade de Planeamento (coordenação). .Unidade de Finanças (Apoio). .Todas as outras UO. | 5 Set. | Administração | 15 Set. | Assembleia Geral de Associados | 3 Out. |

Num mapa mais completo, podem ainda ser identificadas as datas de início das fases, bem como outras informações complementares. Este mapa pode ser comunicado através do próprio manual de procedimentos que regula as actividades de planeamento, acompanhamento e prestação de contas.

# 3. VARIÁVEIS CRÍTICAS PARA A CONSTRUÇÃO DO MODELO DE MONITORIZAÇÃO

## 3.1. Identificação da frequência de monitorização

A decisão interna que define qual a frequência temporal com que deve ser efectuada a avaliação da performance da organização (exemplo: semanal, quinzenal, mensal, bimensal, trimestral, quadrimestral, etc.), isto é, em que momentos serão os resultados confrontados com metas, depende essencialmente de três factores:

– Oportunidade da informação para a tomada de decisão.
– Capacidade da organização contabilizar resultados.
– Obrigações de prestação de contas.

### 3.1.1. Oportunidade da informação para a tomada de decisão

Cada vez mais, as organizações optam por frequências elevadas na monitorização da sua performance (exemplo: quinzenal, mensal e trimestral) em detrimento de frequências inferiores (exemplo: quadrimestral e semestral). Com os efeitos da globalização, o aumento crescente dos níveis de exigência da sociedade e a velocidade das interacções do dia-a-dia, as organizações são pressionadas para terem maior capacidade de resposta e atingirem níveis de performance cada vez mais elevados.

As instituições necessitam de identificar, em tempo oportuno, eventuais desvios que venham a ocorrer nas suas realizações, de modo a serem eficazes na sua correcção. Esta eficácia depende claramente da antecipação com que uma organização consegue detectar os desvios, obtendo assim o tempo útil para a recuperação de performances negativas.

Ao acompanharmos tardiamente os nossos resultados, arriscamo-nos fortemente a que o acumulado negativo seja de tal grandeza que já não seja possível, em tempo útil, iniciar qualquer tipo de acção correctiva.

44 *Monitorização da Performance Organizacional*

Em algumas organizações, quer pela especificidade quer pela sazonalidade da sua actividade, não existe uma frequência de monitorização com momentos equidistantes no tempo. O acompanhamento é efectuado nos momentos temporais críticos para a realização dos seus resultados.

Existem organizações que, pela maturidade dos seus processos internos, ou pela confiança da sua capacidade de realização, ou pela estabilidade dos seus recursos humanos, financeiros e materiais, conseguem ter níveis de certeza elevados relativamente à performance organizacional que podem vir a atingir. Nestas situações, a tendência é para utilizar monitorizações de frequência reduzida.

Cada vez mais, as organizações começam a compreender que a frequência temporal de acompanhamento de performance deve ser definida de modo a permitir que exista oportunidade para a tomada de decisão dos seus gestores.

### 3.1.2. *Capacidade da organização contabilizar resultados*

Nem sempre as organizações têm a capacidade de registar e apurar os resultados das suas realizações dentro de prazos minimamente aceitáveis para proceder a um *report* oportuno.

Uma das causas assenta na inexistência de processos expeditos de contabilização dessas realizações. Esta situação tem origem, muitas vezes, na inexistência de práticas de registo e acompanhamento das realizações. São basicamente instituições que trabalham sem se preocupar com a quantidade e qualidade do que fazem.

Existem também problemas que derivam da complexidade dos indicadores que utilizam. Algumas organizações simplesmente aniquilam, à partida, um processo de monitorização quando, na definição dos seus indicadores de monitorização, são demasiados ambiciosos procurando medir absolutamente tudo. Passam de uma situação de não medição para uma situação de medição total. Ou seja, a organização é confrontada com uma nova tarefa, profundamente consumidora de tempo, acrescendo ainda que os indicadores escolhidos são geralmente muito complexos, o que origina ainda mais gasto de tempo. O que acontece é que, em momentos críticos em que surgem prioridades na organização, o tempo para o apuramento dos resultados passa a ser secundário, o que faz com que, muitas vezes, as organizações quebrem a prática da monitorização, protelando ou simplesmente desistindo de registar e avaliar a performance.

Variáveis Críticas para a Construção do Modelos de Monitorização    45

A solução passa, essencialmente, por diminuir a qualidade dos indicadores, colocando a organização a utilizar indicadores menos perfeitos, mas mais simples. Por exemplo, em algumas organizações, a utilização de inquéritos para aferir a satisfação dos seus clientes pode constituir um processo moroso. Importa, em primeiro lugar, construir o inquérito, preparar a amostra, contactar os clientes, obter as respostas, trabalhar a informação, etc. Uma solução aceitável passa simplesmente por trabalhar com o número de reclamações que a organização recebe. Obviamente, a informação via inquérito é mais rica. No entanto, a simples contabilização das reclamações também permite aferir o grau de (in)satisfação dos clientes e é claramente um processo mais expedito.

### 3.1.3. Obrigações de prestação de contas

Em termos gerais, existe um momento anual para a prestação de contas que acontece geralmente entre Março e Abril, quando se dá a discussão e aprovação do Relatório de Actividades e Contas. No entanto, muitas vezes, existe uma imposição por parte de alguns *stakeholders* para que aconteçam mais momentos – intercalares – de prestação de contas.

Estas exigências obrigam a que as organizações tenham que ajustar os seus momentos de monitorização, de modo a sincronizarem-se com as exigências da prestação de contas dos respectivos *stakeholders*. Por exemplo, se uma organização pretende fazer acompanhamento semestral e existe por parte dos seus accionistas uma exigência de prestação de contas trimestral, a organização tenderá a mudar a sua monitorização de frequência semestral para trimestral de modo a poder cumprir, de forma mais eficaz, a sua obrigação.

Também acontecem situações em que existe uma organização com monitorização trimestral que necessita de promover a prestação de contas com frequência quadrimestral. Nestas situações, ou a organização abandona a frequência trimestral e passa para quadrimestral ou simplesmente orienta os processos de acompanhamento para poder criar pontos de situação específicos para o quadrimestre.

### 3.2. Definição do nível de profundidade da monitorização

Uma das questões que se coloca imediatamente aquando da definição do processo de monitorização tem a ver com qual a profundidade que deve ter a monitorização dentro da organização. Ou seja, até que nível pretendemos acompanhar os resultados e a performance da organização. Em termos gerais, a profundidade da monitorização pode abranger os seguintes níveis:

- Objectivos estratégicos.
- Objectivos operacionais.
- Objectivos individuais.

### 3.2.1. *Monitorização estratégica*

A monitorização estratégica procura, essencialmente, acompanhar os grandes objectivos da organização – objectivos estratégicos. Estes objectivos são em número reduzido, geralmente entre dois a cinco, e apresentam as grandes opções da organização. É no plano estratégico que estes objectivos devem estar perfeitamente identificados e explicados.

Os objectivos estratégicos são, muitas vezes, de carácter plurianual, pelo que a sua monitorização pode ser uma tarefa complicada, já que existe a necessidade de "partir" em objectivos intercalares, de modo a que a monitorização possa de facto ter efeitos práticos na gestão da organização.

Existe um conjunto variado de designações alternativas para os objectivos estratégicos. No entanto, todas querem basicamente dizer a mesma coisa. As designações mais utilizadas actualmente são: Temas estratégicos, Vectores estratégicos, Linhas de orientação estratégica, Eixos de actuação, Prioridades estratégicas, Macro objectivos, Grandes opções, etc.

Não é normal uma organização ter apenas um *report* para simplesmente monitorizar os seus objectivos estratégicos. Esta opção gera algum incómodo na maior parte das instituições, já que, ao centrarem-se exclusivamente nas suas principais prioridades, podem acabar por não perceber os *drivers* críticos da formação dos seus resultados estratégicos. Existe também um outro problema que deriva da capacidade de perspectivar o futuro ao nível da performance dos objectivos estratégicos. Se apenas acompanharmos os objectivos estratégicos, perdemos a possibilidade de poder antecipar tendências e eventuais constrangimentos através da leitura atempada da performance operacional.

## 3.2.2. Monitorização operacional

É a componente operacional que, geralmente, é alvo da maior parte dos sistemas de monitorização das organizações. A monitorização operacional procura acompanhar os objectivos de segundo nível – objectivos operacionais. Estes objectivos estão particularmente associados aos resultados das áreas ou das unidades orgânicas e são, essencialmente, de carácter anual. A sua descrição e fundamentação são da responsabilidade do Plano Anual de Actividades e Orçamento da instituição.

O acompanhamento da performance numa base anual é aquele que geralmente faz mais sentido, quer pela obrigação das organizações terem de prestar contas anualmente, quer pelo facto de a maior parte das pessoas orientar-se pelo ciclo no ano civil. A própria dimensão do ciclo anual acaba por incentivar a monitorização operacional, dada a cultura já enraizada de avaliar da gestão dentro dos períodos dos anos civis.

Quer optem por simplesmente acompanhar resultados ou por sistemas de gestão por objectivos, a monitorização operacional é, de longe, a mais utilizada. A maior parte dos *reports* de acompanhamento utiliza os objectivos anuais e as suas respectivas metas de modo a explicar o nível de performance que está a ser atingido. No final do ano, a monitorização terá sido um elemento muito precioso para ajudar ao esclarecimento no Relatório de Actividades e Contas da performance atingida e constrangimentos vividos pela organização. O documento de prestação de contas é, assim, o grande incentivador para as organizações optarem pela monitorização operacional de carácter anual.

Outra vantagem associada à monitorização operacional assenta na proximidade do acompanhamento da performance às actividades que efectivamente constroem os resultados das organizações. Poder acompanhar o esforço e o respectivo resultado num espaço de tempo curto, em ambiente concreto, permite evidenciar, com maior clareza, a eficácia das decisões de gestão. Será também mais esclarecedor em relação a quem opera neste nível, pelo que a aprendizagem gerada será muito objectiva e valiosa no sentido de poder afinar as operações.

### 3.2.3. Monitorização individual

A monitorização individual é, de longe, a mais complexa, simplesmente pelo facto de envolver a medição da performance individual dos colaboradores. Nesta monitorização, procura-se essencialmente medir o nível de desempenho e os contributos dos indivíduos para os resultados da unidade orgânica.

Muitas organizações vêem na monitorização do desempenho individual um instrumento muito precioso para a melhoria da produtividade da organização, mas também como um processo que procura medir objectivamente o desempenho e fornecer aos colaboradores informações sobre a própria actuação, de forma a que possam aperfeiçoá-la. O somatório dos desempenhos individuais irá reflectir-se no sucesso da própria organização e, talvez por isso, seja uma das áreas mais óbvias a ser acompanhada.

Não nos podemos esquecer que a maior parte dos colaboradores não vê a monitorização como um instrumento de gestão. Poucos, eventualmente os mais empenhados, percebem que a monitorização do desempenho individual pode, de facto, contribuir para separar aqueles que contribuem dos que não contribuem para os resultados da organização, gerando assim maior equidade na responsabilização do sucesso e insucesso e, eventualmente, na distinção e distribuição de prémios.

A monitorização, no âmbito de uma gestão por objectivos, não está isenta de efeitos negativos. Existem várias situações que podem ocorrer: Competição interna não saudável, perda de espírito de equipa, não existência de equidade na formulação de objectivos e metas, diminuição da qualidade do ambiente de trabalho, aumento dos níveis de ansiedade, etc.

No entanto, está demonstrado que, quando bem implementada e gerida com cuidado, a monitorização pode ser geradora de resultados muito compensadores, que ultrapassam, em larga escala, os efeitos nocivos que possam ocorrer.

Cabe às chefias da organização a responsabilidade de fazer entender aos seus colaboradores que a monitorização deve ser vista essencialmente como um incentivo ao desenvolvimento dos colaboradores e da actividade.

### 3.3. Principais modelos de monitorização

Não existe um único modelo para a monitorização da performance organizacional. Actualmente, são actualizados pelas organizações vários tipos de modelos de *report*. Dentro dos mais utilizados, podemos distinguir 4 tipos de modelos: i) Acompanhamento de resultados; ii) Gestão por objectivos clássica; iii) Balanced Scorecard; iv) *Dashboard*. O primeiro assenta apenas no acompanhamento de alguns indicadores relativos ao que se vai fazendo na organização. O segundo pressupõe a existência de objectivos, pelo que os resultados são sempre confrontados com as metas

Variáveis Críticas para a Construção do Modelos de Monitorização     49

e apura-se a respectiva performance. O terceiro utiliza a lógica dos objectivos e incrementa o modelo através da preparação de um *report* explicativo em diferentes dimensões – mapa *scorecard*. O último (desenvolvido no capítulo 10) não é mais do que um painel de indicadores críticos, comunicado através de gráficos, num único ecrã, com um visual esteticamente apelativo, onde a informação se conjuga de forma a identificar relações entre si.

### 3.3.1. *Acompanhamento de resultados*

A monitorização da actividade não tem obrigatoriamente que utilizar modelos de gestão por objectivos. Ou seja, para que uma organização possa acompanhar a sua performance, não necessita forçosamente de ter objectivos perfeitamente definidos com metas previamente estabelecidas. Existem muitas organizações que simplesmente acompanham aquilo que vão fazendo sem ter a necessidade de confrontar com metas e identificar o respectivo nível do desvio.

O mais comum será a utilização de *reports* que possam, em simultâneo, monitorizar o nível de concretização dos objectivos, bem como os resultados de alguns indicadores críticos para a actividade da organização. Os indicadores de resultados terão um papel esclarecedor sobre a formação da performance e até alguma função prospectiva capaz de fornecer indicações sobre a própria evolução da performance de alguns objectivos no futuro.

O exemplo em baixo explica com detalhe o acompanhamento de um resultado em que não existe interesse em lhe atribuir uma meta:

Objectivo: Aumentar o volume de vendas
Indicador: Valor da facturação
Meta: 300.000 euros

Indicador (sem meta): N.º de pedidos de orçamento

A organização tem um objectivo claramente definido com uma meta estabilizada de atingir os 300.000 euros de facturação. No entanto, suporta-se em outro indicador – N.º de pedidos de orçamento – que fornece uma informação preciosa a dois níveis. No primeiro nível, é identificado o n.º de pedido de orçamentos que a organização está a recepcionar. Não existe o hábito de uma organização estabilizar metas para esse tipo de

# 50 Monitorização da Performance Organizacional

informação, ou seja, será muito raro encontrar uma organização que indique, no planeamento, que gostaria de ter 30.000 pedidos de orçamento. No segundo nível, o indicador acaba por ter propriedades prospectivas ao informar hoje a organização de um determinado tipo de procura que poderá vir a ter impacto no curto prazo da facturação. Existem muitos outros indicadores que, na maior parte dos casos, as organizações simplesmente acompanham o que fazem sem estabelecer metas.

### 3.3.2. *Gestão por objectivos clássica*

A Gestão por Objectivos ou, na terminologia inglesa, *Management by Objectives* (MBO), corresponde a um conceito proposto por Peter Drucker nos anos de 1950, em que apresentou um novo modelo de gestão caracterizado pela existência de planeamento e respectiva avaliação de performance, suportada em factores objectivos e quantificáveis, nomeadamente através da utilização de indicadores e metas previamente estabelecidas. Este modelo subentende que o êxito de uma organização é tanto maior quanto maior for o foco do seu empenho na mesma direcção – objectivos.

A gestão por objectivos pressupõe, assim, a clarificação e entendimento dos objectivos por colaboradores e gestores, a análise das melhores alternativas para alcançar os objectivos e a identificação do tempo e esforço necessários à sua concretização.

O processo de gestão por objectivos inicia-se no momento em que superiores e subordinados identificam as áreas críticas e respectivas prioridades da sua actividade e estabelecem resultados a serem atingidos, programando recursos humanos, financeiros e materiais, e executam uma monitorização sistemática do nível de performance em momentos predefinidos. A gestão por objectivos está assim centrada no cumprimento dos objectivos, mantendo sempre uma preocupação com a relação entre meios utilizados e resultados ambicionados.

Neste modelo, os colaboradores da organização têm um conhecimento prévio do que deles é esperado, ou seja, dos objectivos e respectivas metas que devem atingir para que possam obter um desempenho positivo. O conhecimento da ambição desejada alimenta o processo de autoavaliação dos colaboradores durante a execução das suas tarefas, permitindo assim a introdução de medidas correctivas, de modo a garantir a concretização do desejável desempenho positivo identificado nas metas estabelecidas.

Existem, no entanto, quatro grandes críticas à aplicação da gestão por objectivos nas organizações: i) Os gestores tendem a definir metas

Variáveis Críticas para a Construção do Modelos de Monitorização       51

pouco ambiciosas ou irrealistas; ii) Os objectivos dificilmente resultam de um processo verdadeiramente participativo e descentralizado na organização; iii) Muitas vezes, a gestão por objectivos não beneficia o trabalho de equipa, iv) Nem sempre se mede aquilo que realmente se deve medir.

### 3.3.3. Metodologia Balanced Scorecard

A metodologia Balanced Scorecard (BSC) foi proposta por Robert Kaplan (professor da Universidade de Harvard) e David Norton (consultor de empresas) através de um artigo – *"The Balanced Scorecard – Measures That Drive Performance"* – publicado na Harvard Business Review, em 1992.

A origem do nome *"Balanced"* (equilibrado) surge pelo facto do BSC equilibrar indicadores de performance financeira com indicadores de performance não financeira; equilibrar as perspectivas externas à organização (Financeira e Clientes) com as perspectivas internas (Processo e Aprendizagem); os indicadores de médio longo prazo com os indicadores de curto prazo e os indicadores de resultado com os indicadores de acção. O termo *"scorecard"* deriva do facto de o acompanhamento da estratégia se realizar através de um *report* periódico, onde a performance dos objectivos e respectivos indicadores referentes a um determinado período de análise é visualizada à semelhança de um *tableau de bord*.

O sucesso da implementação da metodologia BSC numa organização assenta em dois pontos fundamentais. O primeiro refere que toda a estratégia deve ser clarificada ao ponto de qualquer elemento da organização poder entendê-la, percebendo exactamente como pode contribuir para o seu sucesso. O segundo diz-nos que a metodologia BSC irá, simultaneamente, entregar um instrumento de monitorização para o acompanhamento da performance estratégica e operacional.

A explicação da estratégia na metodologia BSC terá em atenção o equilíbrio entre:

- o curto prazo e o médio-longo prazo;
- a componente financeira e a componente não financeira;
- as áreas internas e externas da organização;
- os indicadores de acção e os indicadores de resultados.

Este equilíbrio torna mais fácil explicar, partilhar e fazer entender a estratégia. O alinhamento estratégico será mais eficaz entre os colaboradores da organização. Todos saberão qual é o caminho que a organização pretende percorrer e como se poderá fazê-lo. A estratégia passa a ser do conhecimento de todos ou, pelo menos, daqueles que mais directamente podem contribuir para a sua concretização – actores críticos.

A materialização da metodologia BSC acontece com a construção de um *report* de acompanhamento da performance – mapa *scorecard* (também conhecido por mapa estratégico), onde os objectivos da organização estão posicionados numa matriz, orientados na horizontal pelas perspectivas (Financeira, Cliente, Processos e Aprendizagem) e, eventualmente, disciplinados verticalmente pelos vectores estratégicos, relacionando-se entre si através de relações de causa-efeito.

Cada perspectiva pode ser explicada através de uma questão:

| Perspectiva | Questão | Resultado |
|---|---|---|
| Financeira | Que objectivos devo atingir para satisfazer os meus financiadores? | Accionistas satisfeitos |
| Clientes | Que objectivos devo atingir para satisfazer as necessidades dos meus Clientes e atingir os objectivos Financeiros? | Clientes encantados |
| Processos | Que objectivos devo atingir para que os meus processos sejam mais eficientes, de modo a conseguir satisfazer os meus Clientes e os objectivos Financeiros? | Processos eficientes |
| Aprendizagem | Que objectivos devo atingir para motivar e preparar os meus colaboradores? | Colaboradores motivados e preparados |

Existe uma relação explícita entre as quatro perspectivas: uma boa performance nos objectivos da aprendizagem induz melhorias nos processos internos que, por sua vez, geram melhorias aos olhos dos clientes e, finalmente, têm impacto nos aspectos financeiros que satisfazem o accionista.

As relações causa-efeito explicam, no mapa estratégico, as correlações existentes entre os objectivos das quatro perspectivas. Constituem uma peça crítica que irá permitir explicar a estratégia dentro da organização, identificando detalhadamente como cada objectivo pode ajudar na concretização de outros objectivos.

A metodologia BSC entrega ainda o conceito de iniciativa. Quando a actividade corrente não é, por si só, suficiente para a organização cumprir os objectivos propostos no mapa *scorecard*, devem identificar-se as iniciativas a desenvolver para que a organização fique mais próxima de atingir os objectivos propostos.

As iniciativas são os meios essenciais para a melhor concretização da estratégia. Numa organização, é crítico que os meios sejam alocados às áreas que possam, realmente, contribuir para a concretização dos objectivos da organização. Importa que a distribuição de recursos seja feita com base em critérios que potenciem claramente a melhor solução global. Assim, a optimização desta alocação é crítica para o sucesso da estratégia. As iniciativas são o ponto de ligação entre a estratégia e a componente operacional da organização. Esta ligação faz-se através do orçamento – quantificação financeira das iniciativas – e o plano anual de actividades da organização.

Os vectores estratégicos são as grandes linhas orientadoras da organização. Representam o caminho que deve ser seguido pela organização durante o horizonte temporal do seu plano estratégico, para que a missão se cumpra e a organização consiga ver a sua visão concretizar-se.

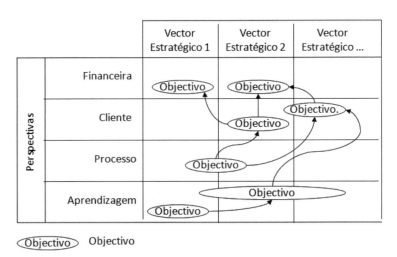

Figura 12 – Modelo de Mapa *Scorecard*

## 4. ESTRUTURAÇÃO DO PROCESSO DE *REPORTING*

### 4.1. Processo de *reporting*

O objectivo central do processo de *reporting* é permitir que a organização consiga apurar a informação essencial para a apresentação e discussão da performance organizacional. Este processo abrange todo ano, permitindo efectuar o acompanhamento e controlo em diferentes níveis dos objectivos e projectos da organização. O processo de *reporting* será efectuado várias vezes durante ano, dependendo da frequência de monitorização que foi estabelecida. No caso da frequência de acompanhamento da performance ser trimestral, o processo de monitorização será efectuado quatro vezes durante o ano.

#### 4.1.1. *Fases do processo de* reporting

O processo de *reporting* inicia-se com o registo da informação da actividade da organização e termina com a exposição e debate da performance obtida num determinado período de tempo em análise.

Existem ainda trabalhos intermédios a serem executados pela organização que consistem na recolha e tratamento da informação. Nos casos em que a informação se encontrar em estado bruto e/ou disperso, importa definir e implementar procedimentos internos que garantam o registo, a recolha e o tratamento atempado da informação necessária ao apuramento dos resultados da organização. Cabe à instituição proceder a uma organização interna capaz de cumprir de forma eficiente e eficaz os prazos do processo do *reporting*. Podemos apresentar o processo de *reporting* em 4 fases distintas:

Figura 13 – Fases do processo de *reporting*

## 4.1.2. Registo, tratamento, disponibilização e discussão da performance

Cada uma das fases do processo de *reporting* tem finalidades específicas. A simplicidade e rapidez com que cada uma das etapas é conduzida traduz-se num factor crítico de sucesso para o bom cumprimento de todo o processo:

- Registo e recolha da informação.
- Tratamento da informação.
- Disponibilização dos resultados/performance no *report*.
- Discussão da performance.

    i. <u>Registo e recolha da informação</u> – O objectivo desta etapa é de garantir um sistema expedito e organizado para o registo da informação relevante para a contabilização oportuna dos resultados da organização. Importa, numa primeira fase, que a organização defina qual o colaborador com responsabilidade nesta tarefa. A fase do registo da informação acontece muitas vezes no próprio intervalo de tempo em que se produz os resultados. Noutras situações em que a informação está mais disponível, quer pela simplicidade do que se produz, quer pela utilização de sistemas de informação automatizados de registo, geralmente o registo/contabilização apenas acontece no final do período de produção dos resultados. Outro aspecto importante é a credibilização da informação. Nesta fase, importa também que o registo da informação esteja o mais blindado possível contra possíveis acusações de falseamento de informações/resultados. É factor crítico de sucesso para o processo de *reporting* o nível de organização do processo de registo de informação, já que deve consumir o menor tempo possível à organização nesta etapa.

   ii. <u>Tratamento da informação</u> – Nem sempre a informação está no formato de resultados. Dada a especificidade dos indicadores de medição de performance, é quase sempre necessário trabalhar a informação recolhida de modo a alimentar as exigências das métricas (indicadores). Quanto mais simples for o processo de contabilização dos resultados, menor tempo irá consumir à organização, o que é também um factor crítico de sucesso para o processo. Importa assim que o registo esteja organizado e que exista simplicidade nos indicadores, de modo a não tornar moroso a contabilização dos resultados.

iii. <u>Disponibilização dos resultados/performance no *report*</u> – Nesta etapa, procura-se alimentar o *report* com os resultados da actividade desenvolvida pela organização num determinado período de tempo, de modo a proceder-se ao confronto desses resultados com as metas já estabelecidas e assim apurar-se o nível de performance. Em algumas instituições, este processo está automatizado, na medida que o *report* está ligado automaticamente às fontes de registo de informação/resultados; noutras instituições, existe a necessidade de manualmente introduzir-se os resultados nos sistemas de informação. É, geralmente, uma etapa pouco consumidora de tempo e de simples execução.

iv. <u>Discussão da performance</u> – Esta etapa conclui o processo de *reporting,* permitindo que a organização possa discutir a sua performance, identificando o nível dos seus desvios, compreendendo as suas causas, tomando as medidas correctivas, decidindo sobre as medidas preventivas, questionando a eficácia das suas decisões de gestão, reprogramando a sua actividade, etc. Basicamente, assume-se como uma reunião presencial onde os responsáveis podem, em conjunto, acompanhar a actividade da organização, garantindo assim estarem a potenciar a probabilidade de virem a cumprir os compromissos assumidos. É, claramente, uma reunião que pretende envolver gestores e colaboradores na procura de soluções para a organização, responsabilizando, premiando e valorizando os seus participantes.

### 4.1.3. *Factores críticos de sucesso do processo de* reporting

Os factores críticos essenciais para garantir o sucesso do processo de *reporting* assentam nos seguintes pontos:

- Existência de um responsável para a gestão do processo de *reporting.*
- Simplicidade das tarefas de cada uma das fases do processo.
- Procedimentos eficientes de registo e recolha de resultados.
- Clarificação das responsabilidades dos intervenientes.
- Regulação dos procedimentos através da elaboração de um manual de procedimentos.
- Modelo de reunião de discussão da performance eficaz.

i. Existência de um responsável para a gestão do processo de *reporting* – O processo de *reporting* envolve várias etapas, algumas de complexidade e importância elevada, bem como a intervenção de um conjunto alargado de intervenientes com distintos deveres e direitos. Neste sentido, importa que exista um elemento que possa conduzir a organização em todas as fases, garantindo o cumprimento dos objectivos de cada uma delas, de forma a fazer com que o processo de *reporting* tenha, de facto, utilidade reconhecida como instrumento de gestão capaz de criar valor para a organização.

ii. Simplicidade das tarefas de cada uma das fases do processo – A simplicidade é uma característica que deve ser cultivada em todos os momentos. Caberá a quem tiver responsabilidades na estruturação do processo garantir que, em todos os instantes, existe de facto uma preocupação efectiva em acautelar a simplicidade nos conceitos, nos processos, nas ferramentas, etc. Para além de facilitar a própria determinação da arquitectura do processo potenciando a consistência do modelo, permite ainda o rápido e eficaz entendimento por parte de todos aqueles que serão os seus intervenientes, o que aumenta consideravelmente a probabilidade de sucesso dos objectivos do processo de *reporting*.

iii. Procedimentos de registo e recolha de resultados eficiente – Para se poder medir os resultados e a performance, as organizações têm muitas vezes de implementar processos internos que permitam o registo sistemático daquilo que vão fazendo no dia-a-dia. Só assim poderão mais tarde analisar o nível de resultados atingido no desenvolvimento da sua actividade. Quando o processo de registo obriga as organizações a um esforço extra, existe o risco da organização estar a aumentar a pressão sobre os seus colaboradores, atribuindo-lhes novas responsabilidades consumidoras do seu tempo já escasso. Ao definirem-se os procedimentos para o registo e recolha, importa que o tempo que irá ser consumido nessa tarefa seja quase residual e não provoque a sensação de que pode colocar em causa o cumprimento das obrigações das suas actividades centrais.

iv. Clarificação das responsabilidades dos intervenientes – Importa que todos os intervenientes tenham a noção exacta das suas responsabilidades em cada uma das fases do processo de *reporting*. As responsabilidades assentam em aspectos variados: na

*Estruturação do Processo de* Reporting 59

preparação de informação, no cumprimento de prazos, na tomada de decisão, etc. A exposição e explicação das responsabilidades de cada um dos intervenientes é muitas vezes feita no manual de procedimentos que tem por objectivo regular o processo de monitorização.

v. Regulação dos procedimentos através da elaboração de um manual de procedimentos – A construção de um manual de procedimentos permite regular os conceitos, processos, instrumentos, *timings* e responsabilidades de cada uma das fases do processo de *reporting*. Este manual deve ser eficaz e também eficiente na transmissão da informação crítica do processo para os seus intervenientes. Permitirá estabilizar de forma igual, por todas as áreas da organização, os aspectos essenciais para a boa realização de todo o processo de *reporting*. Evitará situações desordenadas e permitirá reforçar o entendimento do papel da monitorização na organização, oferecendo consistência e harmonia a todo o processo.

vi. Modelo de reunião de discussão da performance eficaz – As reuniões presenciais de acompanhamento, quer sejam de alta direcção ou mais alargadas com o envolvimento dos colaboradores em geral, devem ser capazes de produzir resultados visíveis. Entenda-se resultados visíveis como a observância dos seguintes aspectos: a) Medição pertinente; b) Análise objectiva das causas dos desvios; c) Envolvimento de todos na análise de soluções; d) Responsabilização; e) Acções concretas de correcção; f) Distinção da excelência; g) Ajustamento da ambição a novas realidades e aos meios disponíveis, etc. Importa fugir aos modelos de discussão que deixam sensações de: a) Não medimos o que realmente importa; b) Nada se decide; c) Voltamos a adiar a resolução do problema; d) Não nos pedem a opinião; e) Aquela área nunca é responsabilizada; f) Não reconhecem a nossa contribuição; g) As metas continuam irrealistas, etc. A reunião de discussão da performance deve de facto ser vista por todos os seus intervenientes como um momento efectivo de gestão. A gestão de topo deve percepcionar como um momento de suporte à tomada de decisão, a gestão intermédia deve percepcionar como um momento para colher orientações e assumir compromissos, os colaboradores devem percepcionar como um momento de oportunidade de contribuir para as soluções e verem o seu esforço reconhecido.

## 4.2. Intervenientes, responsabilidades e documentos de apoio

As várias etapas do processo de *reporting* compreendem a intervenção de diferentes tipos de interlocutores – gestores de topo, chefias intermédias e colaboradores – existindo, em cada um destes grupos, um conjunto de responsabilidades variadas. Acresce ainda que o processo de *reporting* suporta-se em vários documentos e instrumentos que ajudam a consolidar a monitorização da performance da organização. Assim, importa saber quem intervém, quais as suas responsabilidades, que documentos devem ser produzidos e que instrumentos podem ser utilizados.

### 4.2.1. *Quem participa no processo de* reporting

Os intervenientes do processo de *reporting* têm um conjunto de responsabilidades e direitos que atravessam todas as etapas do processo. Em seguida, apresenta-se algumas responsabilidades e direitos que podem ser adaptados em função da arquitectura que vier a ser escolhida para o modelo de monitorização:

| | Responsabilidades | Direitos |
|---|---|---|
| Gestores de topo | • Patrocinar o processo de monitorização.<br>• Definir metas realistas.<br>• Tomar decisões.<br>• Definir compromissos.<br>• Premiar a excelência.<br>• Motivar a organização. | • Obter resultados em tempo útil, fidedignos e objectivos.<br>• Obter propostas de soluções. |
| Chefias intermédias | • Definir objectivos e indicadores pertinentes.<br>• Entregar atempadamente à monitorização os resultados obtidos.<br>• Credibilizar as fontes de resultados.<br>• Envolver os colaboradores no processo de *reporting*.<br>• Apresentar com clareza as razões dos desvios de performance<br>• Alertar para os constrangimentos.<br>• Propor soluções.<br>• Motivar os colaboradores. | • Receber atempadamente os resultados dos colaboradores.<br>• Ser reconhecida a excelência. |
| Colaboradores | • Registar os resultados.<br>• Entregar atempadamente à unidade os resultados obtidos.<br>• Alertar para os constrangimentos.<br>• Assumir compromissos.<br>• Propor soluções. | • Receber metas realistas.<br>• Ser reconhecida a excelência. |

## 4.2.2. *Quem coordena o processo de* **reporting**

Em geral, nas organizações com mais de 200 colaboradores, é normal a existência de uma unidade orgânica com 2 a 5 colaboradores, 100% orientada para o cumprimento de responsabilidades no planeamento, acompanhamento e prestação de contas. Esta unidade tem a seu cargo a elaboração do Plano Estratégico, do Plano Anual de Actividades e Orçamento, do Relatório de Actividades e Contas e a gestão da Monitorização da performance organizacional. Nas organizações de menor dimensão, dificilmente encontraremos uma unidade orgânica composta por vários elementos a apoiarem as actividades atrás referidas. Em qualquer dos casos as funções do processo de *reporting* têm de ir para algum lado. Podem acontecer duas situações. Na primeira, as responsabilidades do *reporting* são distribuídas geralmente pela unidade de finanças e/ou pela unidade de recursos humanos. Na segunda situação, algumas das funções poderão ser assumidas por apenas um elemento que irá assessorar a gestão de topo e que terá a seu cargo a gestão do processo do *reporting*.

Pode identificar-se as seguintes responsabilidades para o coordenador do processo de *reporting*:

– Conquistar as unidades orgânicas para o processo de *reporting*.
– Apoiar a gestão de topo na identificação da capacidade instalada em cada unidade.
– Uniformizar conceitos, objectivos e indicadores.
– Apoiar as unidades orgânicas na definição dos objectivos e indicadores.
– Implementar processos de credibilização dos resultados.
– Gerir a elaboração do *report*.
– Preparar a agenda da reunião de discussão de resultados e os seus intervenientes.
– Elaborar o manual de procedimentos do processo.

i. <u>Conquistar as unidades orgânicas para o processo de *reporting*</u> – Competirá ao responsável planear uma intervenção, capaz de conduzir eficazmente as sensibilidades internas da organização, quer durante o processo de implementação do modelo de monitorização, quer durante a própria monitorização. Importa, acima de tudo, ter sucesso na transmissão dos benefícios que poderão ser obtidos com a implementação de um modelo de monitorização.

ii. Apoiar a gestão de topo na identificação da capacidade instalada em cada unidade – O responsável por esta área poderá também suportar a gestão de topo na definição e aprovação das metas das unidades orgânicas. Caberá a este elemento promover reuniões com as chefias das unidades orgânicas com o objectivo de estimar a capacidade instalada de cada uma delas. Será crítico a identificação dos *drivers* e pressupostos responsáveis pela produção de resultados, bem como os constrangimentos que os podem afectar. Desta forma, a gestão de topo terá acesso a uma informação mais concreta do potencial de produção de cada área, o que facilitará a definição e aprovação de metas adequadas à realidade dos recursos disponíveis.

iii. Uniformizar conceitos, objectivos e indicadores – Garantir que existe transversalidade e coerência na linguagem, conceitos, instrumentos e documentos. Ao aumentar o nível de padronização, estar-se-á a potenciar a simplicidade, o que obviamente terá impacto positivo no entendimento do processo de *reporting* por parte de toda organização.

iv. Apoiar as unidades orgânicas na definição dos objectivos e indicadores – A definição de objectivos e a construção dos respectivos indicadores necessitam de possuir determinadas características de modo a garantir a sua correcta aplicação. Convém, numa primeira fase, transmitir à organização os termos de referência para a sua perfeita construção e, posteriormente, apoiar essas mesmas unidades orgânicas na identificação e configuração dos objectivos e indicadores.

v. Implementar processos de credibilização dos resultados – Se não existir uma preocupação em garantir que os resultados sejam obtidos em fontes de informação perfeitamente credíveis, a monitorização arrisca-se a perder credibilidade e, subsequentemente, interesse para a organização. Nenhum modelo de monitorização consegue sobreviver com a suspeita de resultados ficcionados.

vi. Gerir a elaboração do *report* – A preparação do *report* inicia-se com o pedido de informação aos responsáveis pelos respectivos resultados obtidos no período. Alguma da informação poderá ainda sofrer algum tipo de tratamento antes de entrar directamente no *report*. Importa criar na organização rotinas eficientes de registo e tratamento de resultados, de modo a não surgiram atrasos que possam comprometer o calendário de elaboração do *report*.

*Estruturação do Processo de* Reporting    63

vii. <u>Preparar a agenda da reunião de discussão de resultados e os seus intervenientes</u> – Preparar a agenda da reunião e garantir o apoio no esclarecimento e resolução de problemas relativos ao processo. Caberá também, num momento inicial, a orientação dos próprios intervenientes para uma eficiente e eficaz intervenção na própria reunião.

viii. <u>Elaborar o manual de procedimentos do processo</u> – Preparar um documento de orientação para todos os intervenientes do processo com a regulação de processos, calendários, documentos, instrumentos e responsabilidades.

No que diz respeito aos direitos:

– Obter o patrocínio da gestão de topo.
– Obter, em tempo útil, os resultados das unidades orgânicas.

Em conclusão, o responsável da monitorização da performance deve constituir-se como um elemento comprometido com o processo, para que possa efectivamente apoiar a organização em todas as etapas e assistir os gestores na gestão dos resultados da organização.

### 4.2.3. *Quais os documentos de apoio ao* reporting

No âmbito da gestão por objectivos, os documentos essenciais para suportar o processo de *reporting* são:

– *Report* de monitorização.
– Fichas caracterizadoras dos indicadores de medição dos objectivos.
– Mapa dos resultados de 2.ª linha.

i. <u>*Report* de monitorização</u> – A monitorização da performance sustenta-se principalmente no *report* que constitui a ferramenta de eleição utilizada para apresentar o nível de performance atingido num determinado período. É essencialmente um veículo de comunicação que tem por missão apresentar o estado da arte do nível de resultados e/ou de concretização dos objectivos. Deve ser um instrumento de elevada eficácia de comunicação, pelo que importa ter cuidados acrescidos na definição do seu *layout*. Pretende-se que seja objectivo, sintético e clarificador. Para além de apresentar a situação actual, pode mostrar a dimensão da evolução ocorrida. Em alguns casos, pode até alertar para possíveis performances futuras. Na maior parte dos casos, este documento não tem mais do que 3 a 4 páginas. Esta matéria é desenvolvida no ponto seguinte.

ii. Fichas caracterizadoras dos indicadores de medição dos objectivos – As fichas de caracterização dos indicadores que irão ser utilizados para aferir a performance dos objectivos constituem uma forma eficaz de registar um conjunto extenso de informações necessárias para o bom entendimento dos indicadores. As fichas desempenham a função de bilhete de identidade, tendo por objectivo catalogar as características essenciais dos referidos indicadores. Não é raro, na análise da performance, nomeadamente nas reuniões de discussão, haver a necessidade de perceber determinados aspectos relativos ao indicador (exemplo: Qual a formula analítica? Quem mede? Onde se regista a informação? Quais as excepções? etc.). Importa, por isso, que esteja disponível um registo onde rapidamente se podem consultar as propriedades de um determinado indicador. Para maior detalhe ver livro – *Implementação do Balanced Scorecard no Estado*. Almedina, 2009, Jorge Caldeira.

iii. Mapa dos resultados de 2.ª linha – Consiste na informação de suporte aos resultados de 1.ª linha. São também resultados, com um nível de detalhe mais elevado, que fundamentam e ajudam a explicar a forma como a organização conseguiu obter os resultados de 1.ª linha. Nas reuniões de discussão da performance, podem ser colocadas pelos seus intervenientes questões concretas que obrigam a explicação detalhada de determinados aspectos que ajudaram ou não a formação do resultado principal. Nestes casos, importa que o interlocutor que esteja a expor a sua performance tenha a informação à mão para explicar os resultados obtidos. Por exemplo: se estivermos a falar do volume de vendas atingido, poderá ser necessário explicar a sua composição (ex.: vendas de grandes clientes, vendas de pequenos clientes, vendas nacionais, vendas internacionais, vendas por colaborador, preço médio, etc.).

*Estruturação do Processo de* Reporting

## 4.3. *Report* de monitorização

O *report* tem sido um dos aspectos do processo de monitorização que mais tem evoluído nos últimos tempos. A abundante variedade de modelos de *report* que têm surgido têm permitido enriquecer e desenvolver esta matéria bem como demonstrar que não existe um único modelo certo para *o report*, fundamentalmente ele deve satisfazer as necessidades da organização em matéria de informação crítica para um eficaz acompanhamento da actividade e consequentemente para a tomada de decisão.

### 4.3.1. *Função do* report

O *report* deve assumir em primeira mão as seguintes três funções:

– Constituir-se como um veículo oficial de transmissão de informação.
– Sistematizar a informação para a apresentação da performance.
– Suportar a tomada de decisão.

A formalização da performance é feita através do documento de *report*. Ele constitui o ponto de situação do estado da arte oficioso da instituição. Através deste instrumento a organização expõe e partilha os seus resultados e a sua performance. Desta forma, o *report* acaba por ter um papel integrador, alavancado a comunicação interna da organização. O *report* não deve ser propriamente um relatório de 50 páginas, onde se expõem toda a informação relativa a actividade da organização. Na construção de qualquer *report* deve existir preocupações em termos da dimensão máxima que o documento pode ter. Não nós podemos esquecer que as reuniões de monitorização não são propriamente jornadas intermináveis para discussão da performance. A dimensão do *report* está obviamente dependente da informação que se considera efectivamente necessária para a gestão. No entanto, deve existir bom senso e capacidade de percepcionar qual a informação que realmente interessa. Todos sabemos quanto é importante suportar de forma sólida e inquestionável as decisões estratégicas e operacionais na nossa organização. O *report* permite de uma forma muito clarificadora, sustentar grande parte das decisões da gestão. Pode-se dizer que se constitui como o pressuposto para a análise//conclusão e consequentemente para a decisão. Em termos de aplicação, a abrangência do *report* é total, já que pode ser utilizado para monitorar

66 *Monitorização da Performance Organizacional*

a organização, grandes áreas da organização, unidades orgânicas, equipas de trabalho, projectos e até indivíduos. Sempre que existir uma necessidade de monitorizar, haverá sempre espaço para que se aplique uma ferramenta de *report*.

O conceito de *dashboard* vem desenvolver/revolucionar o modelo comum de *report*. Fundamentalmente, assume algumas preocupações relativamente a eventuais fragilidades do *report*, principalmente no que diz respeito a dimensão do documento de *report*, a sua estética e a forma como relaciona e apresenta a informação. No entanto, não nós podemos esquecer que um *dashboard* é também um *report*. Toda a matéria relacionada com os *dashboards* será desenvolvida no capítulo 10.

### 4.3.2. *Estrutura do* report

Como foi dito no ponto anterior, as organizações tem utilizado variadíssimos modelos para a parametrização dos seus documentos de *report*. As variáveis que determinam o formato final do *report* são fundamentalmente as seguintes:

- Tipo de aplicação do *report*.
- Abrangência do *report*.
- Detalhe da informação.

O tipo de aplicação do *report* identifica a área que se pretende monitorizar. A sua utilização não está exclusivamente obrigada à monitorização de toda a organização. Pode-se aplicar o *report* a uma determinada área envolvendo várias unidades orgânicas, a unidades orgânicas específicas (ex.: Direcção Financeira; Compras; Unidade de Comunicação e Marketing; Unidade de Recursos Humanos; Vendas, etc.), a uma subárea de uma unidade orgânica ou apenas a actividade desenvolvida por um único indivíduo. Na realidade, uma organização aplica em simultâneo diferentes *reports* que podem abranger vários níveis na sua organização. O nível de abrangência refere-se ao tipo de informação que vai constar do *report*. Existem *reports* que são exclusivamente construídos para apresentação da performance estratégica, outros que apenas pretendem expor a performance operacional e outros que apresentam em simultâneo das duas vertentes. O nível de detalhe envolve basicamente a profundidade da informação. A maioria dos *reports* é construída apenas com a informação de 1.ª linha. A informação de 2.ª linha é constituída pelos *drivers* explicativos da informação de 1.ª linha. Exemplo: Informação de 1.ª linha – Volume de vendas. Informação de 2.ª Linha – Vendas por regiões; Vendas por colaborador; Vendas por produto, etc. Quanto mais informação de 2.ª linha existir maior será a dimensão do *report*. Na construção da maior parte dos *reports* existe uma tendência natural dos interlocutores das organizações considerarem que toda a informação sem excepção, é sempre da máxima importância. Existe de forma generalizada uma dificuldade em segmentar a informação em crítica e não crítica. Em *reports* suportados por sistemas de informação, a exposição da informação de 1.ª linha e de 2.ª linha é feita de uma forma bastante eficiente. Numa primeira aproximação o utilizador tem acesso visual a informação crítica de 1.ª linha e se pretender, vai "clicando" na informação que esta a visualizar, para que esta se decomponha apresentando todo o seu detalhe. Exemplo:

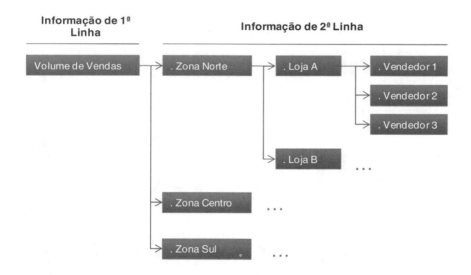

Figura 14 – Informação de 1.ª e 2.ª linha

### 4.3.3. *Exemplos de* report

Um simples quadro com a informação de carácter financeiro suportado pelo balanço e demonstração de resultados constitui um *report* para a gestão da instituição:

## Monitorização da Performance Organizacional

| INDICADORES ECONÓMICOS E FINANCEIROS | | | | | |
|---|---|---|---|---|---|
| **Custo Volume Resultado - CVR** | | **2006** | **2007** | **2008** | **Var.** |
| Proveitos - V | V | 487.332 | 682.550 | 588.207 | 21% |
| Taxa de Crescimento dos Proveitos | | - | 40% | -14% | - |
| Custos Fixos - CF | CF | 302.475 | 377.179 | 426.672 | 41% |
| Custos Variáveis - CV | CV | 136.539 | 171.055 | 179.441 | 31% |
| Custos Totais - CT | CT=CF+CV | 439.013 | 548.233 | 606.113 | 38% |
| Estrutura de Custos: CF vs. CV: | | 100% | 100% | 100% | - |
| . CF | | 69% | 69% | 70% | - |
| . CV | | 31% | 31% | 30% | - |
| Taxa de Crescimento dos Custos: | | - | - | - | - |
| . CF | | - | 25% | 13% | - |
| . CV | | - | 25% | 5% | - |
| Ponto Crítico das Vendas - V* | V* | 420.206 | 503.315 | 613.973 | 46% |
| Margem Bruta - MB | MB=V-CV | 350.794 | 511.495 | 408.766 | 17% |
| Margem de Segurança (%) - MS(%) | MS =V/V*-1 | 16,0% | 35,6% | -4,2% | -126% |
| Margem de Segurança (Valor) - MS | MS=V - V* | 67.126 | 179.235 | -25.767 | -138% |
| Coef. de Absorção dos CV - Cabs | Cabs=MB/V | 72% | 75% | 69% | -3% |
| Grau Económico de Alavanca - GEA | GEA=RE/MB | 7,3 | 3,8 | -22,8 | -414% |
| Grau Financeiro de Alavanca - GFA | GFA=RE/RAI | 0,4 | 0,6 | -0,5 | -229% |
| Grau Combinado de Alavanca - GCA | GCA=GEAxGFA | 2,8 | 2,4 | 11,2 | 305% |
| **Estrutura de Custos de Exploração** | | **2006** | **2007** | **2008** | **Var.** |
| CMVMC | | 9,9% | 10,2% | 9,9% | 0% |
| FSE | | 21,2% | 21,0% | 19,7% | -2% |
| Pessoal | | 46,2% | 48,8% | 53,9% | 161% |
| Amortizações | | 22,7% | 19,9% | 16,4% | -0,2% |

Figura 15 – Exemplo de *report*

Exemplo de um *report* mensal de análise da evolução de um negócio do sector do comércio:

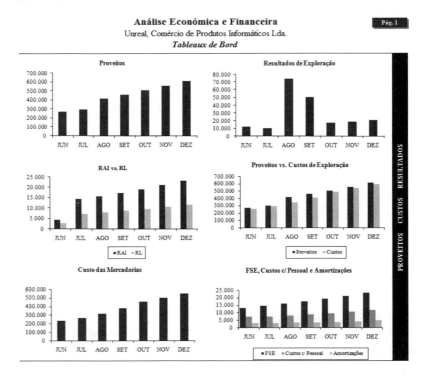

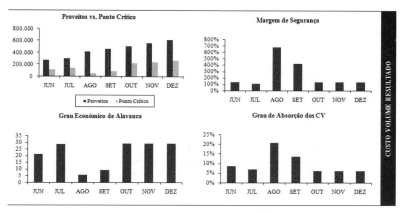

Figura 16 – Exemplo de *report*

Exemplo de um *report* semanal de análise de comparativa entre unidades orgânicas de contacto directo com clientes:

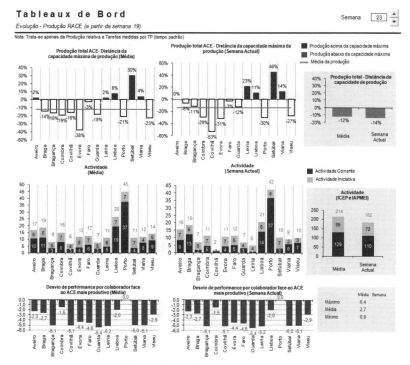

Figura 17 – Exemplo de *report*

Exemplo de um *report* de análise de rentabilidade das prestações de serviços com opções de análise de sensibilidade:

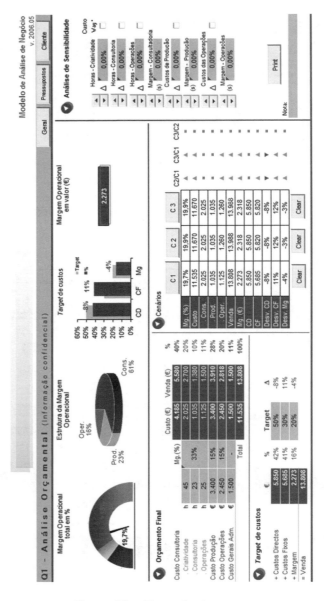

Figura 18 – Exemplo de *report*

Estruturação do Processo de Reporting 71

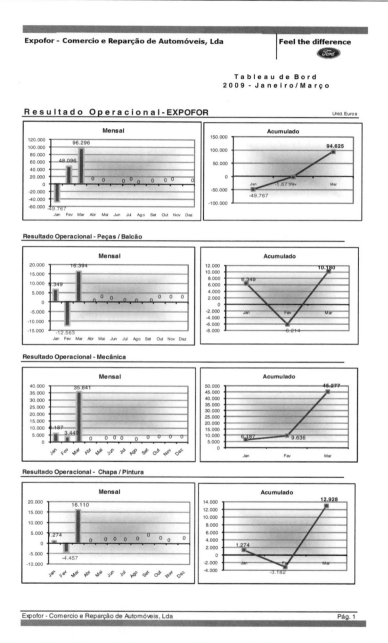

Figura 19 – Exemplo de *report* – Cortesia da Expofor – Comercio e Reparação de Automóveis, Lda

# 5. DETERMINAÇÃO DE OBJECTIVOS, INDICADORES E METAS

## 5.1. Definição de objectivos

Os objectivos constituem um dos elementos mais críticos de qualquer processo de monitorização organizacional, ao constituírem-se como uma ferramenta que promove a eficiência do planeamento, a comunicação e o entendimento, o compromisso e o rigor da avaliação. São basicamente o meio de eleição para a comunicação das intenções estratégicas e operacionais da organização, uma vez que constituem uma ferramenta capaz de orientar a acção dos colaboradores. Os objectivos devem ser capazes de expressar, com clareza, um determinado intento, esclarecendo os colaboradores sobre o que a organização pretende conseguir num determinado aspecto e num determinado período de tempo. Os objectivos também são vistos como um meio de garantir o compromisso entre duas partes. A definição de objectivos é sempre prévia à acção, pelo que, enquadrada num processo de planeamento, traz sempre mais eficiência à actividade da organização.

### 5.1.1. *Aspectos críticos na definição dos objectivos*

Para a correcta definição dos objectivos, independentemente do tipo (ex.: objectivos estratégicos, operacionais ou individuais), convém ter em atenção alguns aspectos:

- Objectivos devem ser coerentes com os planos.
- Objectivos devem ser relevantes.
- Objectivos devem ser simples e claros.
- Objectivos devem ter ambição adequada aos recursos.
- Objectivos devem ser passíveis de mensuração.

  i. Coerentes com os planos – Na formulação dos objectivos, a organização deve ser capaz de traduzir correctamente o Plano Estratégico e o Plano Anual de Actividades e Orçamento, de modo a que os objectivos reflictam efectivamente o verdadeiro compromisso da instituição. Quando os objectivos não reflectem a verdadeira natureza dos planos, rapidamente a organização se apercebe da falta de coerência, o que pode vir a penalizar as competências de liderança do corpo de gestão. Garantir a pertinência dos objectivos relativamente aos propósitos da organização é assim uma primeira etapa essencial para acautelar a utilidade dos objectivos.

ii. <u>Relevantes para a gestão</u> – Na escolha dos objectivos que serão alvo do processo de monitorização, o critério a aplicar deve ser, em primeiro lugar, a relevância para a gestão. Importa que os objectivos sejam essenciais e que mereçam de facto ser acompanhados, ou seja, pertencer ao *report* de monitorização, já que serão críticos para verificar e compreender de que forma a estratégia e/ou as operações estão a ser executadas.

iii. <u>Clareza na designação</u> – Os objectivos não devem ser ambíguos, de forma a gerarem dúvidas na organização. Sendo um instrumento de comunicação que irá ter por incumbência garantir o correcto entendimento e o compromisso de uma intenção, a sua designação não pode deixar espaço para a discussão sobre o seu alcance. Os objectivos definem-se melhor se forem sucintos e precisos. Uma a duas linhas de texto é geralmente o suficiente para construir um bom objectivo. Importa também que o objectivo se inicie por um verbo (exemplo: aumentar, diminuir, melhorar, optimizar, reduzir, eliminar, entregar, garantir, captar, agilizar, reforçar, etc.). Exemplos:

- Objectivo – Aumentar a facturação.
- Objectivo – Reduzir o prazo de resposta.
- Objectivo – Aumentar a taxa de satisfação dos clientes.

Muitas vezes, opta-se por inserir a própria meta no próprio texto do objectivo. É uma decisão que tem por intuito aumentar a comunicação do objectivo na organização. Basicamente, pretende-se reforçar a visibilidade das metas, "colando" as metas na cabeça dos colaboradores. Exemplos:

- Objectivo – Aumentar a facturação em 15%.
- Objectivo – Reduzir o prazo de resposta em 5 dias.
- Objectivo – Garantir uma taxa de satisfação dos clientes de 95%.

*Determinação de Objectivos, Indicadores e Metas*                    75

Na maior parte destes casos, a meta não está sincronizada com a frequência de monitorização. No entanto, identifica com clareza um resultado que se pretende vir a atingir num determinado período e que será facilmente reconhecido pelos seus responsáveis. Por exemplo, no primeiro objectivo (Aumentar a facturação em 15%), a meta pode identificar a ambição que se pretende para o período de 1 ano. No entanto, se a monitorização for feita trimestralmente, o objectivo será avaliado em função da meta intercalar trimestral que tiver sido definida.

iv. <u>Ambição adequada</u> – A qualquer objectivo importa identificar o seu nível de ambição. A meta é, na prática, a quantificação da ambição do objectivo. Quando as metas são demasiado ambiciosas, o objectivo torna-se inatingível perdendo toda a eficácia. Se a meta for pouco ambiciosa, a organização não evolui. Cabe aos responsáveis pela definição das metas conseguir identificar a meta que simultaneamente possa constituir um desafio, inspirando e motivando a organização na sua concretização, e esteja adequada à realidade dos recursos humanos, financeiros e materiais.

v. <u>Passível de mensuração</u> – Qualquer objectivo tem de poder ter associado pelo menos um indicador capaz de quantificar, de forma objectiva, a sua performance. No caso de não ser possível identificar um indicador, a decisão mais acertada será excluir ou alterar o objectivo. Está totalmente fora de questão um cenário em que, numa reunião de discussão de performance, vários intervenientes discutem, de forma não objectiva, o nível de execução de um determinado objectivo. É fácil imaginar a amplitude de conclusões que poderia sair desta reunião. Uma das formas de minimizar esse risco passa por, quando se inicia o processo de definição de objectivos, ir testando se existe algum constrangimento que possa comprometer a atribuição de um ou vários indicadores capazes de aferir o grau de realização do objectivo. A atribuição de um número exagerado de indicadores poderá comprometer a percepção do próprio objectivo.

### 5.1.2. *Tipologia de objectivos*

O propósito da classificação dos objectivos prende-se com a necessidade de em algumas organizações existir a necessidade de clarificar-se o âmbito, de modo a diferenciar determinadas características distintas dos objectivos que permitem complementar o respectivo modelo de gestão. No geral, podem existir os seguintes tipos de classificações:

Classificação entre estratégicos e operacionais:

Nesta classificação, dividem-se os objectivos em estratégicos e operacionais. Os primeiros identificam as intenções de médio longo prazo do Plano Estratégico, e os segundos reflectem as intenções anuais do Plano Anual de Actividades e Orçamento. Como já tivemos oportunidade de ver em pontos anteriores, a maioria das organizações baseia a sua monitorização na componente operacional.

Classificação entre corporativos, funcionais e individuais:

Os objectivos podem ser classificados como corporativos, funcionais ou individuais. Esta divisão procura distinguir os objectivos da organização das unidades orgânicas e dos colaboradores. Os primeiros reflectem as grandes metas da instituição. Os gestores de topo são basicamente os seus responsáveis. Os segundos identificam as responsabilidades ao nível das unidades orgânicas. Procuramos aqui garantir o comprometimento das chefias das direcções e, por fim, os objectivos individuais que procuram definir os contributos individuais de cada um dos colaboradores. Este tipo de classificação ajuda a organização a formular objectivos em cascata, garantindo assim a coerente atribuição de objectivos nos diferentes níveis hierárquicos da organização.

No entanto, podem existir outros tipos de classificações. As organizações devem sentir-se livres de estruturar a sua própria classificação, desde que lhes faça sentido e ajude na difícil tarefa de adequar os modelos de gestão às especificidades e particularidades das suas próprias instituições. Na metodologia Balanced Scorecard, os objectivos são classificados por 4 categorias diferentes: i) Objectivos financeiros e Objectivos não financeiros; ii) Objectivos de médio e longo prazo e Objectivos de curto prazo; iii) Objectivos internos e Objectivos externos; iv) Objectivos de resultado e Objectivos de acção. Acresce ainda uma outra categoria de classificação: Objectivos que satisfazem o accionista; Objectivos que satisfazem os clientes; Objectivos de tornam o processo mais eficiente; Objectivos que motivam e reforçam as competências dos colaboradores. Na Administração Pública portuguesa, nomeadamente no âmbito do SIADAP (Sistema Integrado de Gestão e Avaliação do Desempenho na Administração Pública), os objectivos também podem ser classificados nas seguintes categorias: Objectivos de eficácia; Objectivos de eficiência e Objectivos de qualidade. Os objectivos de eficácia procuram aferir em que medida os resultados são atingidos. Objectivos de eficiência procuram aferir a relação entre bens produzidos/serviços prestados e os recursos utilizados. Os objectivos de qualidade procuram medir a qualidade do bem/serviço e/ou o nível de satisfação do seu utilizador/cliente.

### 5.1.3. *Espectro de níveis explicativos de performance*

No âmbito da gestão por objectivos, durante o processo de monitorização, quando se olha para os objectivos, a gestão procura, em primeiro lugar, perceber qual o seu nível de performance. Uma das formas mais eficazes de comunicar esta informação é através da classificação semafórica. Esta análise procura aproveitar as mensagens enviadas pelos semáforos que todos nós já conhecemos – Verde, Amarelo e Vermelho. Actualmente, o azul é muito utilizado para classificar o nível de performance excepcional.

| Nível de Performance | | |
|---|---|---|
| Nível | | Mensagem |
| Azul | Objectivo superado | Constitui uma distinção |
| Verde | Objectivo atingido | Dever cumprido |
| Amarelo | Objectivo em risco | Constitui um alerta |
| Encarnado | Objectivo não atingido | Responsabiliza e solicita apoio |

Figura 20 – Classificação semafórica para objectivos

O objectivo superado e o objectivo em risco introduzem dois conceitos – a excelência e a tolerância. A excelência identifica um resultado que conseguiu superar a meta de forma expressiva. É geralmente apresentada com o azul e pretende distinguir os seus responsáveis pela excelência da sua performance. A tolerância identifica uma zona de desvio tolerável, em que o resultado fica um pouco aquém da meta predefinida, mas que, no entanto, ainda não é considerado um desvio demasiado perigoso. Esta zona de alerta é geralmente apresentada com o amarelo e constitui assim um sinal de aviso para os seus responsáveis. Exemplo:

| Objectivo | Aumentar a facturação em 15%. |
|-----------|-------------------------------|
| Indicador | Variação do volume de vendas |
| Meta | 15% |
| Tolerância | 10% |
| Excelência | 25% |

[10%; 15%[ Tolerância    15% Meta
< 10%    >25% Excelência
22%
Resultado

Na análise de cada um dos objectivos, importa perceber 3 aspectos: i) qual a situação actual; ii) como evoluiu; iii) eventualmente perceber como poderá evoluir no futuro. No exemplo em baixo, o gestor consegue perceber que, no momento actual, superou a meta. Obteve assim uma performance superior ao período anterior, o que identifica uma melhoria. No entanto, como o objectivo estava verde no período anterior, sabe que estava bem. Utilizando instrumentos previsionais, consegue ainda estimar uma possível evolução da performance do objectivo para o próximo período, pelo que fica em alerta, uma vez que pode vir a estar abaixo da meta, mas ainda dentro da tolerância. Exemplo:

| Nível de Performance | | |
|---|---|---|
| Nível de Performance | | Mensagem |
| Hoje | Azul | Estamos bem e melhoramos |
| Ontem | Verde | Estávamos bem |
| Amanhã | Amarelo | Existe um risco de virmos a estar mal |

Quando estamos simplesmente a acompanhar resultados, ou seja, não existem metas previamente definidas, apenas podemos ter uma ideia de quanto estamos a fazer, se melhoramos, mantivemos ou pioramos face ao período anterior e qual é a tendência para o futuro. Exemplo:

| Nível de Resultados | | Mensagem |
|---|---|---|
| Indicador – N.º de clientes atendidos | | |
| 500 | Hoje | Melhoramos |
| 400 | Ontem | |
| 500P | Amanhã | Vamos melhorar |

P – previsional

## 5.2. Construção de indicadores

*"Be careful what you measure because you will surely get it"*

Esta frase conta um episódio que aconteceu numa cadeia de *fast food* implantada a nível nacional, a quem foi imposto um indicador que media a % de desperdício alimentar no final do dia. Durante o ano em que as unidades de restauração foram monitorizadas, existia uma única unidade que se destacava de todas as outras ao apresentar sistematicamente 0% de desperdício. Após a ida de um elemento do grupo à respectiva unidade, confirmou-se que não existia desperdício, mas que as filas de espera dos clientes eram muito longas e que uma parte dos clientes chegava a desistir de esperar e ia-se embora. Percebeu-se, mais tarde, que o gestor dessa unidade apenas preparava a comida no exacto momento em que o cliente pedia, pelo que nunca existia excesso de stock preparado. Ou seja, o indicador imposto apenas media o desperdício, não media o grau de satisfação do cliente e nem o tempo que este esperava na fila. Percebe-se que a atribuição de objectivos e os respectivos indicadores não é uma tarefa fácil e deve ser alvo de análise e reflexão, de modo a antecipar possíveis efeitos laterais não desejados.

### 5.2.1. Aspectos críticos na construção dos indicadores

Num processo de monitorização, os indicadores são de facto o elemento mais crítico. Têm por objectivo apurar o nível das realizações da organização para que estas possam ser comparadas com as metas pré-estabelecidas e apurado o respectivo nível de performance organizacional. Os indicadores acabam por assumir-se como um elemento de consenso dentro da organização, já que constituem o veículo aceite por todos para a quantificação objectiva dos resultados. É fácil entender as desvantagens que ocorrem quando estamos perante uma análise subjectiva efectuada por vários intervenientes relativamente ao grau de desempenho dos objectivos. Dificilmente se atingiria o consenso. Convém assim assegurar que o modelo de leitura da performance organizacional é claro e gera o acordo de todos os intervenientes.

## Exemplos de objectivos e de possíveis indicadores:

| Objectivo | Indicadores |
|---|---|
| • Aumentar a facturação | • Variação do volume de vendas |
| • Reduzir o prazo de resposta | • N.º de dias de redução |
| • Aumentar a taxa de satisfação dos clientes | • Taxa de satisfação dos clientes |

Existe uma questão que é colocada muitas vezes aquando do processo de construção do indicador: O indicador deve medir um valor absoluto de um determinado período ou a variação entre dois períodos? Exemplo: Medir um valor absoluto de um determinado período: Indicador – Volume de vendas. Medir a variação entre dois períodos: Indicador – Variação (crescimento) do volume de vendas. Ambos os indicadores estão correctos. Caberá aos responsáveis utilizar o indicador que considerem mais explicativo da performance. Poderá acontecer que para um tipo de resultados seja mais claro medir em valor e em outras situações seja mais correcto medir a variação de resultados.

Ao definirmos os indicadores, importa garantir que estes gozam de determinadas características, de forma a torná-los mais robustos e, com isso, aumentar consideravelmente a probabilidade de sucesso do processo de monitorização:

Podemos distinguir 4 características essenciais dos indicadores:

– Serem pertinentes.
– Serem credíveis.
– Serem baratos.
– Serem simples.

i. <u>Serem pertinentes</u> – Os indicadores devem propor-se a medir o mais aproximadamente possível as intenções implícitas nos objectivos. Por vezes, existem objectivos cuja medição é uma tarefa muito complexa. Nestes casos, podem acontecer duas situações: i) Abandona-se o objectivo já que não faz sentido acompanhar aquilo que não se pode medir; ii) Aceita-se que o respectivo objectivo seja medido com ajuda de um indicador não tão pertinente, mas aceitável, suportando esta decisão no facto de que é melhor medir com alguma coisa do que simplesmente não medir nada. Exemplo de não pertinência: Objectivo – Reforçar as competências dos colaboradores; Indicador – N.º de horas de formação por colaborador. Como se pode verificar, o indicador mede com simplicidade as horas de formação e não o nível de competências dos colaboradores. O N.º de horas de formação não é uma garantia de que os colaboradores vão reforçar verdadeiramente as suas competências. No entanto, esta situação pode considerar-se aceitável já que a medição do nível de competências é demasiado complexa e cara, o que faz com que a organização possa simplesmente aceitar que o n.º de horas dê uma informação minimamente aceitável.

ii. <u>Serem credíveis</u> – A informação para o cálculo do resultado do indicador deve ser de origem credível, de forma a evitar a descredibilização do seu resultado e o consequente desinteresse do processo de monitorização. Importa garantir que os resultados não possam ser fantasiados por quem os produz e por quem os apura. Caso exista espaço para que alguém possa ficcionar resultados, devem então ser definidas regras de controlo interno capazes de prevenir essas situações.

iii. <u>Serem baratos</u> – O apuramento do resultado não deve ser muito consumidor de tempo nem caro. Importa que o cálculo do resultado não obrigue o responsável pelo seu apuramento a ter que parar de trabalhar por muito tempo para passar a medir uma determinada realização. O apuramento de um determinado resultado também não deve obrigar a organização à aquisição de um sistema informático demasiado dispendioso. Sugere-se também que a informação que alimenta os indicadores não seja de difícil acesso. No caso de um indicador que meça a performance de um objectivo de uma determinada unidade orgânica, a informação para o cálculo do indicador deve, preferencialmente, estar localizada no seio dessa unidade. Evita-se assim que uma unidade dependa de outras unidades para o apuramento do resultado. Desta forma, se a unidade pretender fazer uma monitorização intercalar extraordinária, terá sempre a informação ao seu dispor. Quanto mais barato for o processo de cálculo do indicador, mais robusto será o processo de monitorização.

iv. <u>Serem simples</u> – Quanto mais simples forem os indicadores, mais fácil poderá ser o seu processo de cálculo e maior será o entendimento dos objectivos, dos respectivos indicadores e da sua performance por parte dos destinatários da monitorização, tornando assim mais eficaz a comunicação da performance organizacional dentro e fora da organização. Existe uma regra prática para a construção de indicadores: A designação do indicador deve iniciar-se pela unidade de medida e não deve ter mais do que uma linha de texto.

Numa fase inicial de concepção, nem sempre todos os indicadores conseguem ter todas estas características no seu expoente máximo. É com a experiência que vai saindo dos sucessivos momentos de monitorização que vão surgindo as ideias e as propostas de melhoramento dos indicadores.

### 5.2.2. Tipologia de indicadores

Os indicadores podem ser agrupados em diferentes categorias/ /dimensões. Estas dimensões tentam, basicamente, agregar os indicadores em função de determinadas características. No geral, podem existir os seguintes tipos de classificações:

Classificação entre indicadores de realização, de resultados e de impacto:

Os indicadores de realização identificam essencialmente acções operacionais do dia-a-dia. São basicamente demonstradores de trabalho executado. Os indicadores de resultados apresentam os primeiros resultados directos que têm origem nas acções operacionais. Por fim, os indicadores de impacto identificam os efeitos obtidos após a concretização dos resultados e constituem, claramente, os indicadores mais complexos e os mais difíceis de construir. Isto acontece por dois motivos: o primeiro tem a ver com o facto de que nem sempre os efeitos podem ser medidos num futuro próximo, já que por vezes demoram a surgir. O segundo motivo tem a ver com a impossibilidade que por vezes existe de identificar em concreto a parte de impacto gerada pelos resultados específicos da organização e não por outros factores externos. Exemplos:

– Indicador de realização (Actividade desenvolvida):

Indicador – N.º de candidaturas analisadas do sistema de incentivos X

– Indicador de resultados (Efeitos directos):

Indicador – Volume de incentivos financeiros atribuídos

– Indicador de impacto (Consequências obtidas dos resultados):

Indicador – % do investimento no PIB

Classificação de indicadores históricos e avançados:

Os indicadores históricos medem a performance histórica até à data de hoje. Os indicadores avançados procuram medir hoje o desempenho de amanhã de um determinado objectivo. Têm por missão entregar no presente o resultado do futuro, o que constitui uma informação crítica para a organização, já que permite antecipar possíveis constrangimentos que venham a ocorrer. Os indicadores avançados podem assim ser vistos como indicadores de alerta. Em determinadas áreas, ter uma boa execução durante os períodos de avaliação intercalar não significa que a organização termine o ano com o objectivo cumprido. A gestão faz sempre as seguintes questões aos seus colaboradores: i) Qual a nossa performance actual? ii) Como evoluiu a performance relativamente ao período anterior? iii) Existe risco da nossa performance falhar no final do ano?. Os indicadores avançados pretendem responder à última questão. Existindo a possibilidade da organização vir a falhar em determinados objectivos, a sua identificação prévia aumenta a probabilidade da organização inverter essa tendência, nomeadamente através da definição e execução de medidas preventivas.

Classificação entre indicadores de resultado e de acção:

Na metodologia Balanced Scorecard, os indicadores são geralmente divididos em indicadores de resultados e indicadores de acção. Os indicadores de resultado pretendem explicar o nível de performance dos objectivos. Os indicadores de acção têm a tarefa de explicar como foi alcançado o respectivo resultado, ou seja, o valor do indicador de resultados. Em termos genéricos, os indicadores de acção caracterizam os factores que impelem o desempenho dos indicadores de resultados, o que permite ajudar na explicação dos indicadores de resultados em acções concretas, permitindo que os colaboradores da organização possam compreender e actuar sobre eles numa base diária. Em alguns casos, os indicadores de acção têm capacidades prospectivas e podem assim identificar possíveis constrangimentos na performance futura dos indicadores de resultados. Exemplos:

– Indicador de resultados:

Indicador – Volume de vendas

– Indicadores de acção:

Indicador – N.º de contratos assinados
Indicador – N.º de negociações a decorrer
Indicador – N.º de pedidos de orçamento

Classificação quanto a polaridade:

A polaridade do indicador esclarece a forma como o indicador deve ser lido quando o seu resultado aumenta ou diminui. Diz-se polaridade positiva se, quando o resultado aumenta, identifica bom desempenho para o objectivo; é polaridade negativa se, quando o resultado diminui, identifica bom desempenho para o objectivo. A polaridade positiva também pode ser chamada de incremento positivo ou indicador maximizante. A polaridade negativa é também chamada de incremento negativo ou indicador minimizante. Exemplos:

– Indicador de polaridade positiva:

Indicador – Volume de vendas

– Indicador de polaridade negativa:

Indicador – N.º de reclamações

Na análise dos desvios entre os resultados e as metas, a identificação da polaridade é de extrema importância, já que a fórmula de medição do desvio depende dela. Exemplos:

Fórmula do desvio (Polaridade positiva):

Desvio = [(Resultado – Meta) / Meta]

Exemplo:

Meta =10; Resultado =10; Desvio = 0%
Meta =10; Resultado = 5; Desvio = -50%
Meta =10; Resultado =15; Desvio = 50%

Fórmula do desvio (Polaridade negativa):

Desvio = [(Meta – Resultado) / Meta]

Exemplo:

Meta =10; Resultado =10; Desvio = 0%
Meta =10; Resultado = 5; Desvio = 50%
Meta =10; Resultado =15; Desvio = -50%

Classificação quanto a indicadores acumulados, indicadores do período e indicadores de média:

Caberá à organização escolher qual o indicador que será mais eficaz para a gestão. Em algumas situações, importa perceber o que está feito até a data – indicadores acumulados –; noutras situações, importa perceber o que foi feito no período em análise – indicadores do período –; noutras situações importa saber a média dos resultados desde o inicio – indicadores de média. Também não é raro os gestores necessitarem de visualizarem em simultâneo os resultados em valor acumulado, em valor do período e eventualmente em média.

Valor acumulado – Pretende-se medir o resultado desde o início do ano. Exemplos:

Indicador – Volume de vendas acumulado
Indicador – N.º de reclamações acumuladas
Indicador – Valor acumulado das dívidas dos clientes

Valor do período – Pretende-se medir o resultado atingido num período. Exemplos:

Indicador – Volume de vendas mensal
Indicador – N.º de reclamações do mês
Indicador – Valor mensal das dívidas dos clientes

Média – Pretende-se medir a média dos resultados de um determinado período. Exemplos:

Indicador – Média mensal do volume de vendas
Indicador – N.º médio de reclamações
Indicador – Média do valor em dívida dos clientes

### 5.2.3. Contributo dos indicadores para os objectivos

Quando as organizações encontram-se na fase de construção dos indicadores, questionam-se sobre o número ideal de indicadores necessários para medir a performance de cada objectivo. A resposta é simples – um objectivo deve ter os indicadores necessários para que possa medir a sua performance ou, pelo menos, a maior parte dessa componente. Quer isto dizer que não existe um número preestabelecido. No entanto, sempre que for possível garantir a efectiva medição, a melhor solução consiste na atribuição de um único indicador por objectivo, uma vez que simplifica o entendimento do nível de performance desse objectivo. Como já foi dito anteriormente, a atribuição de um número exagerado de indicadores poderá comprometer a percepção do próprio objectivo.

Apesar da situação ideal ser um indicador por objectivo, já que esta situação é claramente mais simples, o que aumenta consideravelmente o sucesso da implementação de um processo de monitorização, na maior parte dos *reports* que se vêem hoje em dia, o nível de performance dos objectivos é calculado recorrendo a mais do que um indicador.

Nas situações em que existe mais do que um indicador por objectivo, deve identificar-se qual a capacidade explicativa de cada um deles relativamente ao objectivo. Na prática, atribuem-se pesos relativos a cada um dos indicadores, identificando o nível de importância de cada um para o esclarecimento da performance do objectivo. Desta forma, a organização identifica as variáveis com mais responsabilidade, ou seja, as mais críticas para a concretização dos objectivos. Na fase de atribuições de pesos, é comum ver os responsáveis pelos indicadores a desviarem pesos superiores para indicadores mais seguros com maiores probabilidades de obterem os resultados previstos. Cabe à gestão de topo/gestão intermédia e ao elemento com responsabilidade pela implementação do processo de monitorização negociar o reajustamento dos pesos, para que os indicadores espelhem uma situação equilibrada.

88    *Monitorização da Performance Organizacional*

Depois de atribuídos os pesos, inicia-se o apuramento do resultado individual de cada um dos indicadores, para depois efectuar-se a média ponderada de todos os resultados obtidos. O valor final irá identificar o nível de performance do objectivo. A administração pública portuguesa utiliza um modelo de *scoring* muito simples e eficaz. Exemplo:

1.º Passo – Atribuir pesos aos vários indicadores por objectivo até perfazer 100%.

2.º Passo – Apurar o desvio de cada indicador. Nos indicadores de polaridade positiva, aplicar a fórmula: Desvio = [(Resultado – Meta) / Meta ]; nos indicadores de polaridade negativa, aplicar a fórmula: Desvio = [(Meta – Resultado) / Meta].

3.º Passo – Tendo por base os pesos já atribuídos, calcular a média ponderada dos vários desvios por cada um dos objectivos.

4.º Passo – Proceder à análise de cada um dos objectivos: se o resultado final for igual a 1, o objectivo foi atingido, ou seja, resultado = meta; se o resultado for maior que 1, a meta foi superada; se o resultado for menor que 1, a meta não foi alcançada.

## 5.3. Fixação de metas

O processo de atribuição de metas sempre foi considerado como um momento caracterizado por elevada tensão organizacional, em que superiores hierárquicos impõem aos seus funcionários um conjunto de metas, eternamente ambiciosas sob o ponto de vista do funcionário, e sempre de reduzida ambição, sob o ponto de vista das chefias. No entanto, a atribuição de metas é indiscutivelmente um aspecto necessário para que se possa objectivar as intenções da organização. Relativamente ao reajustamento das metas, nem todas as organizações têm definido regras claras para a sua operacionalização, pelo que quase ninguém compreende em que momentos é que elas devem ser aplicadas.

### 5.3.1. Relevância das metas

A meta é o elemento quantificador do nível de resultados que se pretende obter, dando assim indicação do grau de desempenho pretendido

*Determinação de Objectivos, Indicadores e Metas* 89

para um determinado objectivo. É claramente o factor que entrega objectividade e promove o compromisso no processo de planeamento e avaliação da organização. A utilização de metas permite obter as seguintes vantagens para a organização:

– Elimina a subjectividade.
– Reforça o compromisso.
– Identifica a ambição.
– Fomenta a melhoria contínua.
– Promove a inovação.

i. Elimina a subjectividade – A fixação de metas objectiva o planeamento, quantificando em concreto a dimensão do que se pretende obter num determinado período. A partir deste ponto, deixa de se utilizar expressões como "dinamizar", "desenvolver", "incrementar" para passar a utilizar-se expressões mais concretas como "aumentar 10%", "reduzir 5%", "garantir 50", etc.

ii. Reforça o compromisso – A estabilização de uma meta é, muitas vezes, a formalização de um contrato entre duas partes – superior hierárquico e colaborador – em que ambos acordam um determinado resultado e um conjunto de meios a utilizar necessários para obter esse resultado. O colaborador será responsável pelo resultado e o superior hierárquico pela disponibilização atempada dos recursos identificados como necessários.

iii. Identifica a ambição – É através da meta que se apresenta o nível de ambição que a organização procura aplicar de ano para ano. Comparando a meta prevista com o resultado obtido no passado, tendo sempre presente os recursos que foram afectos e os que serão, tem-se a noção da amplitude do que se pretende atingir agora.

iv. Fomenta a melhoria contínua – As metas, quando bem definidas, têm efeitos motivadores nos colaboradores, ajudando na obtenção de resultados cada vez mais ambiciosos. Os colaboradores aplicam um nível superior de empenho na realização das suas tarefas, o que impulsiona os níveis de eficácia e de eficiência. As metas vão orientando os trabalhadores na execução das tarefas operacionais, na medida em que são uma referência daquilo que deve ser feito e o que falta fazer face ao que está a ser feito.

v. Promove a inovação – Muitas vezes, a ambição contida na meta acaba por promover a inovação na organização, quer ao nível dos processos quer ao nível dos produtos e serviços. Esta inovação é, na prática, a resposta da organização a um conjunto de desafios implícitos nas metas.

### 5.3.2. Negociação de metas

O processo de fixação de metas pode ser *top down* ou *bottom up*. No processo *top down,* o superior hierárquico define e apresenta a meta ao colaborador. A desvantagem deste processo pode ocorrer quando o superior hierárquico não domina os *drivers* da formação de resultados e apresenta uma meta pouco ambiciosa, perdendo assim espaço para obter uma performance superior, ou apresenta uma meta demasiado ambiciosa, o que desmotiva imediatamente o colaborador. No processo *bottom up,* o superior hierárquico convida o colaborador a apresentar uma proposta de meta. A vantagem surge pelo facto de o colaborador se sentir pressionado a apresentar metas ambiciosas contra metas pouco ambiciosas que poderiam vir a prejudicar a sua imagem dentro da organização.

A capacidade instalada de uma organização identifica o potencial de produção de bens ou serviços para num determinado período de tempo, consumindo um determinado tipo de recursos humanos, materiais e financeiros. A determinação correcta da capacidade instalada é crítica para o processo de fixação de metas. Um indivíduo que não faça a mínima ideia daquilo que é capaz de produzir num determinado período de tempo, é incapaz de percepcionar se uma meta que lhe está a ser fixada é demasiado ambiciosa ou mesmo impossível de atingir. Se não se conhecer as variáveis que alimentam o resultado da produção, bem como os constrangimentos que podem surgir, dificilmente poderá argumentar na justificação de uma determinada posição para a meta.

Quer as metas seja fixadas por processo *top down* ou *botton up*, em ambos os casos, o argumento mais forte poderá surgir do lado de onde existiu uma preocupação em estimar com precisão a capacidade instalada e assim determinar o máximo de produção, ou seja, o limite da meta possível de atingir.

Ao longo do ano, em algumas actividades, pode existir sazonalidade na produção de resultados. Este efeito consiste em diferentes produções que se registam em determinados períodos do ano, quer por imposição da procura quer por imposição da oferta. Interessa que, na fase de planeamento, nomeadamente aquando da fixação das metas intercalares do ano, o efeito da sazonalidade seja tido em conta, bem como a efectiva dis-

### Determinação de Objectivos, Indicadores e Metas

ponibilização de recursos. A monitorização da performance deve acompanhar os efeitos da sazonalidade, caso contrário, os desvios de performance não irão reflectir a verdadeira situação da organização.

### 5.3.3. Reajustamento de metas

A alteração das metas durante o ano é uma possibilidade que deve estar sempre em aberto. No entanto, não deve transparecer que a remodelação de metas é um processo demasiado acessível. Existindo facilidades evidentes no processo de reajustamento, a organização acaba por sair prejudicada logo na fase do planeamento da sua actividade. Se os colaboradores aperceberem-se que durante o ano poderão, com relativa facilidade, proceder a alterações das metas, dificilmente irão investir tempo de qualidade no planeamento das suas actividades, já que, aos primeiros desvios, poderão facilmente modificar a ambição dos seus objectivos. Convém assim fazer passar a mensagem que o reajustamento das metas poderá ser um processo moroso, dependente de justificação válida e de autorização superior, pelo que é importante que se invista num processo de planeamento eficaz, evitando as complicações inerentes ao reajustamento. Interessa assim que a organização valorize a etapa do planeamento, considerando um momento em que se deve investir tempo, de modo a estimar com precisão todos os *drivers* da capacidade instalada e todas as ameaças que possam vir a afectar a produção de resultados.

O reajustamento deverá ser feito sempre que ocorram as seguintes situações: i) A organização não tem dúvidas de que as metas foram demasiado ambiciosas; ii) Foram definidas novas prioridades para a organização; iii) Não se disponibilizaram atempadamente os recursos ou os recursos disponibilizados foram mínimos para a boa concretização dos objectivos.

No caso de as situações terem a ver com: i) Mau planeamento; ii) Incapacidade da organização se motivar para o desafio; iii) Execução insuficiente não justificada; caberá à gestão decidir se autoriza ou não o reajustamento das metas nestes casos.

O manual de procedimentos do processo de monitorização deve estabelecer em que situação, por que processo e por quem poderá ser autorizado o reajustamento das metas determinadas nos documentos de planeamento. No entanto, alerta-se que nesta matéria não é raro surgirem situações pouco vulgares, pelo que se aconselha a manter em aberto para decisão superior outras situações não reguladas.

# 6. APURAMENTO DOS RESULTADOS DA ACTIVIDADE

## 6.1. Processos de registo e tratamento de informação

O processo de registo resume-se na contabilização da informação referente ao que a organização está a produzir num determinado momento. O tratamento da informação consiste no processo de preparação da informação que poderá estar num estado bruto e que necessita de ser agregada e trabalhada de modo que possa alimentar as necessidades das fórmulas analíticas dos indicadores de medição.

### 6.1.1. *Fontes de resultados*

As fontes de resultados não são mais do que os locais onde a informação da produção está a ser registada.

A disponibilização da informação referente às fontes de resultado constitui uma política interna de promoção da transparência organizacional. Desenvolvendo a transparência interna, todo o processo de monitorização acaba por sair valorizado, já que se entrega a oportunidade a todos os que quiserem de poderem confirmar a veracidade dos resultados apresentados. Só a existência desta possibilidade gera preventivamente um efeito de não perversão da informação, já que essas situações podem ser detectadas e eventualmente expostas. Obviamente, existem casos em que a informação é de carácter mais sensível, eventualmente confidencial para a organização, pelo que, nestas situações, as regras de transparência devem ser ajustadas.

As fontes de informação devem estar controladas, no que diz respeito aos seus acessos. Não se procura restringir a leitura, procura-se sim regular as introduções e modificações. Deve existir responsáveis identificados pela introdução da informação. A determinação de quem pode aceder é crucial, até para detectar possíveis erros não propositados no registo e modificações da informação, bem como outras anomalias que possam vir a acontecer. Algumas organizações, ao elaborarem as fichas de indicadores, utilizam campos que identificam a fonte e o respectivo colaborador responsável pelo registo e/ou tratamento dos resultados.

A rapidez com que se acede a estas fontes de resultados é também crucial para o processo de monitorização. Existindo actualização da informação, importa que quem tem interesses na visualização dos resultados possa aceder rapidamente, de modo a acompanhar o nível de performance das suas actividades.

Em termos gerais, as fontes de resultados devem ter as seguintes características: i) Estarem protegidas de eventuais deturpações; ii) Terem responsáveis de registo e modificação identificados; iii) Serem de acesso rápido; iv) Estarem actualizadas; v) Poderem ser consultadas por terceiros.


### 6.1.2. Processos de registo

Os principais instrumentos de registo de informação/resultados existentes nas organizações podem resumir-se a 4:

- Sistemas de informação automáticos.
- Sistemas de informação de introdução manual.
- Folhas de Excel e bases de dados Access.
- Papel.

i. Sistemas de informação automáticos – São chamados os sistemas amigáveis, já que a organização trabalha e o sistema vai registando e medindo aquilo que está a ser feito. Têm principalmente 5 vantagens imediatas: a) Não consomem tempo útil de produção aos colaboradores no processo de registo; b) A fonte de informação ganha uma credibilidade superior, já que não existe intervenção na contagem por parte do colaborador; c) Os resultados podem estar disponíveis imediatamente, o que facilita monitorizações de frequência elevada ou a alimentação de *reports* para pontos de situação de emergência; d) O colaborador concentra-se na produção. No entanto, está demonstrado que existem vantagens em colocar os colaboradores a "registar" aquilo que produzem, como forma de incentivar comportamentos de auto-avaliação; e) O processo de *reporting* tem menos probabilidades de não se atrasar, já que a informação está automatizada.

*Apuramento dos Resultados da Actividade* 95

ii. Sistemas de informação de introdução manual – Nesta situação, existe um sistema informático que não recolhe automaticamente os resultados, mas que pode eventualmente agregar e tratar a informação para que seja mais tarde introduzida no *report*. Quando os resultados vêm de diversos pontos (ex.: nacional e internacional; sul, centro e norte; por produtos/serviços; etc.), com diversos níveis (ex.: colaborador, equipa, unidade orgânica), é facilitador ter um sistema que possa agregar e trabalhar automaticamente todas as dimensões necessárias. Para que este sistema funcione, é importante que a introdução da informação seja feita atempadamente e com regularidade, caso contrário, perder-se-á a utilidade de informação para o processo de monitorização. Uma vez que a introdução é manual, importa garantir que a mesma não seja posta em causa, pelo que se aconselha a utilização de procedimentos de controlo da veracidade dos resultados.

iii. Folhas de Excel e bases de dados Access – A não existência de sistemas de informação mais robustos, obriga as organizações a improvisar nas já conhecidas folhas de Excel e na base de dados Access. Apesar de serem muitas vezes desprezadas, podem de facto resolver a maior parte das necessidades de uma organização no registo da informação e tratamento da informação.

iv. Papel – Em algumas situações, a folha de papel pode constituir um meio mais desembaraçado no registo de determinado tipo de informações. Não é raro ver que, em algumas organizações, nos pontos de contacto directo com os clientes, as informações são registadas em papel, em vez de os funcionários estarem a interagir directamente com o cliente e a registar no computador. O registo no papel acaba por ser mais rápido, o que beneficia sempre o tempo de atendimento. Deve-se, nestes casos, definir-se com que frequência é que a informação que está no papel irá passar para um sistema Excel/Access ou para um sistema de informação.

### 6.1.3. *Tratamento da informação*

Em muitos casos, a informação que sai das fontes de resultados não está em condições de ir directamente para os indicadores do *report*. O tratamento da informação consiste assim na preparação dos dados para esse fim, nomeadamente através da agregação de resultados individuais para apuramento dos valores globais, de modo a poder satisfazer as componentes analíticas dos respectivos indicadores. Geralmente, a informação está no formato individual (ex.: vendas semanais do vendedor X; vendas semanais do vendedor Y; etc.) e, nestes casos, importa consolidar a informação nas diferentes dimensões (ex.: vendas totais mensais; vendas totais da região norte; vendas totais do produto Z; etc.) preestabelecidas para a alimentação dos indicadores.

A responsabilidade do tratamento da informação poderá caber às respectivas unidades orgânicas ou ao elemento responsável pela monitorização. Irá depender do local onde estão situadas as fontes e do que ficar acordado entre as unidades orgânicas e os responsáveis pelo processo de monitorização. Sempre que for possível, devem ser criadas as interfaces automáticas que possam ir buscar os resultados às fontes e trabalhar segundo procedimentos pré-estabelecidos. As interfaces mais comuns são as folhas de Excel em que se torna muito simples preparar as regras – fórmulas – que permitirão trabalhar os resultados intermédios. É fundamental que esta etapa não seja excessiva no consumo de tempo, já que pode comprometer o *timing* de apresentação do *report* e a respectiva reunião de discussão da performance.

## 6.2. Credibilização dos resultados

A credibilização das fontes de informação é um factor crítico de sucesso, vital para que o processo de monitorização não perca relevância dentro da organização. Tal como foi dito no ponto anterior, a promoção de processos conducentes ao aumento da transparência tem efeitos muito positivos na credibilização dos resultados. No entanto, podem ainda ser implementados outros procedimentos que muito ajudam no reforço da valorização de todo o processo de monitorização.

### 6.2.1. *Auditoria interna*

Uma das formas mais eficazes de incrementar credibilidade aos resultados da organização passa pela celebração de um acordo interno entre a unidade responsável pela monitorização e a unidade com responsabilidades em auditoria interna. Este acordo deve regular a intervenção da unidade com funções de auditoria na tarefa de auditar as fontes e os seus resultados, de modo a emitir um parecer sobre a qualidade das fontes e a veracidade da sua informação. A frequência e o universo/

/amostra da auditoria terão que ser pensados de modo a garantir efeitos concretos para a credibilização dos resultados.

A auditoria deve, numa primeira aproximação, centrar a sua análise na avaliação da qualidade das fontes de resultados, nomeadamente ao nível:

– Quem pode aceder/introduzir?
– Quem pode visualizar?
– Quem pode modificar?

Os pontos críticos assentam em garantir que quem tem acesso à introdução está perfeitamente identificado. Sempre que se justificar, deve restringir-se os níveis de visualização em função das políticas internas da organização e, por fim, identificar quem tem acesso às funções de modificação. Os sistemas que permitem rastrear os acessos (ex.: introduzir, visualizar e modificar) são os mais sólidos, uma vez que registam o historial de acessos: Quem acedeu? O que fez? Quando o fez?.

Relativamente à credibilidade dos resultados apresentados, a auditoria deve poder garantir que estes reflictam a realidade da performance da organização.

Existem essencialmente 3 modelos para aplicação de práticas de auditoria:

– Acordar com a unidade de auditoria interna já existente na organização.
– Constituir uma equipa, eventualmente volante, com chefias de unidades orgânicas da instituição.
– Ser a própria unidade orgânica com responsabilidade no planeamento a auditar a informação.

O primeiro modelo, quer pela relativa independência, quer pelo domínio de procedimentos de auditoria, é geralmente considerado o mais robusto e, portanto, aquele que a organização deve aspirar em primeiro lugar. O segundo modelo assenta na escolha de 3 elementos com categoria de chefias de unidades orgânicas distintas que poderá alterar a sua composição de ano para ano ou mesmo dentro do próprio ano. Por último, só resta à unidade responsável pelo processo de monitorização testar e garantir a credibilidade dos dados que alimentam o processo.

Independentemente do modelo escolhido, os objectivos são claros: garantir a qualidade das fontes de resultados, emitir pareceres que cre-

98 *Monitorização da Performance Organizacional*

dibilizem os resultados apresentados pelas unidades orgânicas e induzir uma cultura que evite preventivamente comportamentos que possam descredibilizar a informação.

### 6.2.2. *Controlo por amostragem*

Em algumas organizações, o volume de informação é demasiado grande para que uma unidade de auditoria possa verificar toda a população. A dificuldade, e mesmo nalguns casos a impossibilidade, de estudar a totalidade de uma população impôs a importância do recurso a amostras. Assim, uma das primeiras etapas é a selecção da amostra da população que se pretende analisar, à qual se aplica depois os procedimentos de auditoria, para eventualmente se extrapolarem os resultados para toda a população.

Existem vários tipos de técnicas amostrais (ex.: aleatória sistemática, aleatória, estratificada, aleatória por cachos; aleatória multi-etapas, etc.). No entanto, a mais simples e a que apresenta resultados mais eficazes é a amostragem aleatória simples. Esta técnica de amostragem é também a mais conhecida. Uma amostra aleatória simples de dimensão N é uma amostra seleccionada por um processo que confere a cada conjunto possível de N elementos a mesma probabilidade de ser seleccionado. Os indivíduos da população têm a mesma possibilidade de pertencerem à amostra. A obtenção de uma amostra aleatória simples pode ser feita mediante os seguintes passos:

i. Numerar sucessivamente os elementos da população de 1 a N.
ii. Escolher N elementos mediante o uso de um procedimento aleatório como seja o método da lotaria ou utilizando tabelas de números aleatórios que podem ser geradas por computador. Os números têm que ser diferentes e não superiores a N;
iii. Uma vez seleccionados os números, os elementos da população que lhes correspondem determinarão a amostra.

População: Todos os indicadores do *report* de monitorização.

Amostra: % da população a definir pela unidade de auditoria. Utilizando o Excel, pode seleccionar-se aleatoriamente a amostra através da função "aleatório()".

Melhor prática: Garantir que, até ao final do ano, todos os indicadores foram sujeitos a pelo menos uma análise. Permitir que uma % de indicadores que já estiveram na amostra possam ainda vir a ser incluídos numa outra amostra a ser analisada no próprio ano. Desta forma, mantém-se viva a população, pelo que os indicadores que foram analisados em Janeiro podem ainda vir a ser analisados durante o resto do ano.

### 6.2.3. *Informação externa*

A maior parte das organizações acaba por estar inserida num ambiente vasto, composto por inúmeras outras organizações. A existência de objectivos comuns, a intervenção em projectos ou áreas similares, a existência de entidades reguladoras, entidades supervisoras e entidades de cooperação, faz com que exista informação sob diferentes perspectivas e que esta esteja relativamente acessível. O acesso a informação externa produzida por terceiros pode vir assim a constituir uma forma complementar de testar a consistência da informação interna da organização.

No entanto, este tipo de abordagem não é muito utilizado, dado que a sua aplicação está condicionada apenas a informação muito específica. Nem toda a informação relevante é alvo de tratamento igual por parte de todas as entidades envolvidas.

No ambiente das instituições públicas, existe um maior nível de aplicabilidade destes procedimentos, já que a maior parte da informação tem um grau de transparência superior, essencialmente devido ao interesse público dessas entidades. Acresce ainda a existência de maior interacção entre as várias instituições. Desta forma, é muito mais fácil aceder a informação que possa ajudar a suportar e, consequentemente, credibilizar a informação interna da organização.

# 7. MONITORIZAÇÃO DE PROJECTOS

As três principais causas que originam problemas na execução dos projectos têm a ver com planeamento deficiente, falhas na liderança e monitorização ineficaz. É por isso fundamental que se seleccione o gestor e a equipa mais adequada às especificidades do projecto, garantir que a fase do planeamento seja vista como uma das mais críticas do projecto e garantir que, ao longo da execução do projecto, este seja alvo de monitorização apropriada. Estes são os pilares para o êxito de qualquer projecto.

## 7.1. Gestão de projectos

Cada vez mais as organizações têm a noção de que os seus projectos internos têm impacto evidente na boa execução dos seus objectivos. Não é por isso de estranhar que as metodologias associadas à gestão de projectos estejam a ser cada vez mais aplicadas. Os projectos necessitam de uma abordagem diferente em termos de monitorização da sua execução, pelo que as instituições sentem a necessidade de evoluir, quer na consolidação do seu planeamento quer no acompanhamento da sua execução, de forma a garantir o sucesso do projecto e, consequentemente, o sucesso na performance dos seus objectivos e planos.

### 7.1.1. *Definição de projecto*

Os projectos têm, como característica, uma duração limitada, sendo constituídos por princípio, meio e fim e são geralmente singulares, como resultado da especificidade dos objectivos a atingir; das tarefas a realizar e dos recursos a utilizar. Podemos considerar como objectivos fundamentais de um projecto: completá-lo em tempo, com o custo mais baixo e com a qualidade exigida.

Um projecto pode assim ser definido como um conjunto de tarefas inter-relacionadas que podem mobilizar recursos humanos, materiais e financeiros e cuja realização procura satisfazer objectivos organizacionais. Podemos destacar como exemplos de projectos: Preparação de uma acção de formação; Construção de um manual de procedimentos; Construção de um software; Implementação de um sistema de informação; Elaboração de um estudo; Reestruturação interna; Selecção de um fornecedor; Produção de um filme; Construção de uma obra; Lançamento de um automóvel; etc.

No decorrer de um projecto, à medida que este se aproxima da conclusão, o consumo acumulado de recursos é crescente e a capacidade de o gestor poder influenciar o projecto é decrescente.

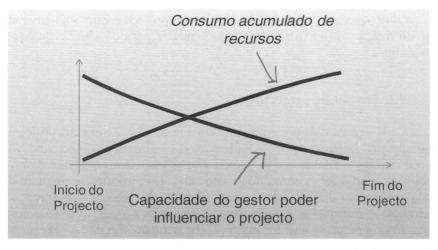

Figura 21 – Consumo acumulado de recursos vs. Capacidade do gestor influenciar o projecto

### 7.1.2. Diferenciação entre projectos, actividades e objectivos

Existem diferenças entre um projecto e uma actividade. No entanto, surgem determinadas situações em que a diferenciação entre projecto e actividade é complexa. Estas situações acontecem essencialmente nos casos em que as organizações trabalham numa lógica de projectos. Temos como exemplo as empresas de consultoria de gestão, as empresas de produção de software e as empresas de formação. Os negócios apresentados são de lógica de projecto, uma vez que executam esforços temporários e nem sempre repetitivos no cumprimento da sua missão. Os parâmetros que permitem diferenciar um projecto de uma actividade são basicamente os seguintes:

- Um projecto é único, pelo que tem um fim à vista; as actividades são contínuas.
- Um projecto não costuma ser repetido; as actividades repetem-se sistematicamente.

No âmbito da monitorização de objectivos, existe uma outra situação que gera confusão na maior parte das organizações: diferenciação entre projectos e objectivos. Existem alguns exemplos que permitem clarificar esta ideia. Por exemplo, uma acção de formação não deve ser vista como um objectivo em si. Quando uma organização decide avançar com a formação dos seus quadros, tem fundamentalmente como objectivo a entrega ou reforço de competências. Quando uma organização decide implementar um sistema de informação de apoio ao cliente, o objectivo não deve ser a implementação do referido sistema de informação. Neste caso, a organização procura eventualmente melhorar a qualidade do seu serviço aos olhos do cliente, possivelmente através de uma maior interacção ou pela simples redução dos tempos de espera para o cliente. Ou seja, a simples execução do projecto não deve constituir um objectivo. A organização deve sempre procurar o impacto do projecto, porque é geralmente aí que residem os seus objectivos. Podem, no entanto, surgir excepções. Não é raro a monitorização acompanhar a simples execução de projectos como se fossem objectivos organizacionais. Esta situação pode acontecer sempre que: i) A boa execução da iniciativa é por si uma garantia da boa concretização dos objectivos que são implícitos ao projecto; ii) É demasiado complexo, senão impossível, monitorar os objectivos do projecto e a organização aceita que a monitorização fique simplesmente pela execução. iii) A utilização de projectos como objectivos gera um conceito de maior entendimento por parte da organização, pelo que, em nome da comunicação e envolvimento dos colaboradores, opta-se por esta abordagem.

## 7.1.3. Gráficos de Gantt, PERT e CPM

Existem vários métodos utilizados para apoiar os processos de planeamento e de monitorização de projectos, dos quais podemos destacar os gráficos de Gantt, o PERT (*Program Evaluation and Review Technique*) e o CPM (*Critical Path Method*).

O gráfico de Gantt é um gráfico de barras onde se visualiza as actividades como blocos distribuídos ao longo do tempo. Consiste numa visualização em diagrama do posicionamento óptimo das diferentes tarefas, tendo em conta as durações e relações de precedência. É normalmente utilizado para uma melhor visualização do calendário do projecto. Este método foi criado em 1918 por Henry L. Gantt, um engenheiro industrial norte-americano. A aplicação do gráfico de Gantt tem por objectivo: i) Definir previamente as tarefas de trabalho, de modo a evitarem-se operações duplicadas; ii) Determinar uma sequência lógica, ou seja, garantir a existência de um encadeamento óptimo de tarefas, eliminando à partida as dispensáveis; iii) Permitir que o gestor possa monitorar a forma como as tarefas estão a ser executadas.

| Tarefas | | Duração | Precedências | Tempo |
|---|---|---|---|---|
| 1 | Aprovação do CA | 1 | - | |
| 2 | Preparação da equipa | 2 | 2 | |
| 3 | Consolidação da estratégia | 5 | 3 | |
| 4 | Definição dos objectivos | 5 | 3 | |
| 5 | Construção dos indicadores | 3 | 4 | |
| 6 | Fixação de metas | 3 | 5 | |
| 7 | Construção do *dashboard* | 5 | 6 | |
| 8 | Apresentação à organização | 1 | 7 | |

Figura 22 – Exemplo de diagrama de *Gantt*

O método PERT surgiu em 1958 e é originário dos Estados Unidos, onde foi desenvolvido pela Marinha americana para apoiar a gestão do programa de mísseis de longo alcance POLARIS, o qual envolvia 250 fornecedores, 9000 subcontratados e 7 anos de realização. A utilização do PERT permitiu diminuir o tempo global de realização do projecto de 7 para 4 anos. Mais tarde, este método expandiu-se para a indústria. O método PERT é quase sempre sinónimo de gestão de projectos importantes e a longo prazo. O PERT trabalha com três estimativas de tempo:

i) Tempo optimista – condições favoráveis; ii) Tempo mais provável – tempo mais próximo da realidade; iii) Tempo pessimista – condições desfavoráveis, pelo que calcula a duração das tarefas em função da média ponderada das 3 situações possíveis (optimista, mais provável e pessimista).

O método CPM foi elaborado entre 1956 e 1958 pela Dupont Company que desenvolvia projectos de produtos químicos. O CPM está directamente ligado ao planeamento do tempo, com o objectivo de minimizar o tempo da duração total do projecto. É basicamente um método de apuramento do caminho crítico para uma sequência de tarefas, isto é, quais as tarefas de uma determinada sequência que não podem sofrer alteração de duração sem que isso reflicta na duração total do projecto. Desta forma, é identificada a sequência das tarefas críticas que podem condicionar a duração do projecto. Não é mais do que perceber a flexibilidade que o projecto pode ter, pelo que esta informação é vital para a gestão equilibrada de recursos por todo o projecto.

## 7.2. Ciclo de vida dos projectos

Apesar de existirem várias abordagens, no que diz respeito à composição do ciclo de vida de um projecto, o modelo aqui apresentado foi escolhido tendo em conta a sua simplicidade e aplicabilidade já demonstrada. Caberá a cada gestor parametrizar e definir a estrutura do ciclo de projecto adaptada à realidade da sua organização.

A Gestão de Projectos assenta num processo cíclico, que se inicia com a entrega do projecto a um responsável e conclui-se com a avaliação dos resultados obtidos.

### 7.2.1. Etapas de um projecto

O conjunto de todas as etapas da gestão de projectos denomina-se ciclo de vida do projecto. Este ciclo delimita o início e o fim do projecto e constitui-se pelas seguintes 4 etapas: i) Concepção; ii) Planeamento; iii) Monitorização; iv) Encerramento.

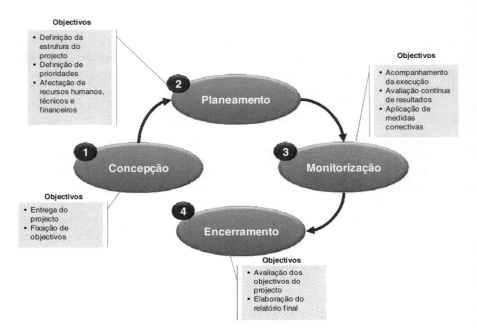

Figura 23 – Ciclo de vida dos projectos

i. Etapa 1 – Concepção – O início do projecto dá-se quando a gestão identifica a sua necessidade e selecciona o colaborador que será o responsável pela execução do projecto. Após a explicação do projecto, respectivo enquadramento e fixação de objectivos prioritários, o responsável pela execução do projecto passará à etapa seguinte – Planear a operacionalização do projecto.

ii. Etapa 2 – Planeamento – Nesta etapa, inicia-se a construção do projecto em si, detalhando todos os aspectos essenciais para a sua definição, bem como a identificação dos recursos humanos, financeiros e materiais necessários para o projecto. Nesta etapa, selecciona-se eventualmente a equipa que fará parte do projecto e procede-se à atribuição de funções específicas. Dependendo dos projectos, poderá ser relevante proceder à análise de ameaças, identificando quais podem ocorrer, com que probabilidade, que impacto poderão ter nos objectivos do projecto e quais poderão ser os planos de contingência para a resolução ou redução dos problemas que possam surgir.

*Monitorização de Projectos* 107

iii. Etapa 3 – Monitorização – Esta etapa tem por objectivo acompanhar a execução do projecto nos aspectos da execução física e financeira. Na prática, consiste em definir e implementar um processo de monitorização que possa dar informações úteis sobre o andamento do projecto. Durante a gestão do projecto, nunca se deve perder de vista o objectivo ou os vários objectivos implícitos. Este tema será desenvolvido no ponto 7.3.1., Indicadores para projectos.

iv. Etapa 4 – Encerramento – Por fim, a etapa de encerramento tem por finalidade proceder ao fecho do projecto e a respectiva avaliação dos seus objectivos. Deve ser elaborada pelo gestor do projecto e apresentada à gestão de topo. Tem essencialmente como objectivos: a) Apresentar o nível de concretização dos objectivos; b) Apresentar os impactos; c) Identificar os aspectos que correram mal e os que contribuíram para o sucesso; d) Evidenciar experiências de aprendizagem com relevância para o futuro; e) Identificar melhorias a entregar em futuros projectos; f) Eventualmente constituir-se como um Estudo de Caso. Na maior parte dos casos, é produzido um relatório de encerramento.

### 7.2.2. *Responsabilidades dos intervenientes*

Para que a gestão de projectos possa funcionar, é fundamental que as responsabilidades dos seus intervenientes estejam perfeitamente definidas e comunicadas. Um dos veículos utilizados para transmitir estes aspectos pode ser o manual de procedimentos específico da gestão de projectos ou mesmo o manual regulador do processo de monitorização.

Dependendo do nível de complexidade e importância de cada projecto, deve ser aplicado algum bom senso para que não se exagere criando um modelo demasiado complexo e burocrático de relacionamento entre a gestão e os gestores de projectos. Por vezes, pode fazer sentido segmentar os projectos da organização em função das variáveis, complexidade e importância, de forma a definir as regras em função das exigências de cada um dos segmentos.

Podemos definir como responsabilidades da gestão:

– Identificar a necessidade do projecto.
– Seleccionar o gestor do projecto.
– Entregar os objectivos do projecto.

- Entregar os meios necessários à execução do projecto.
- Definir o sistema de monitorização.
- Supervisionar o projecto.
- Apoiar na resolução de constrangimentos e ameaças.

Podemos definir como responsabilidades do gestor do projecto:

- Compreender os objectivos do projecto.
- Definir a forma de organização do projecto.
- Propor o tipo de recursos a utilizar.
- Definir as metodologias de trabalho.
- Orientar a equipa de projecto.
- Dar execução ao projecto.
- Acompanhar o projecto.
- Contribuir para a resolução dos constrangimentos e ameaças.
- Produzir o relatório final.

### 7.2.3. Documentos de suporte

Existem essencialmente 4 tipos de documentos que suportam todo o processo de gestão de projectos:

- *Dossier* do projecto.
- Ficha de projecto.
- *Report* de monitorização.
- Relatório de encerramento.

   i. <u>Dossier do projecto</u> – Na maior parte das organizações, elabora-se um dossier do projecto onde se irá acolher de forma detalhada toda a informação relevante. Qualquer *stakeholder* do projecto que tenha acesso a este *dossier* pode encontrar toda a informação relativa ao projecto. Apresenta-se de seguida uma estrutura tipo para o *Dossier* do projecto:

| Capítulos do *Dossier* do projecto | |
|---|---|
| 1 | Enquadramento do projecto |
| 2 | Caracterização: *Análise de Stakeholders; Equipa (Funções; Responsabilidades, Carga de afectação); etc.* |
| 3 | Objectivos a atingir, indicadores de medição e metas |
| 4 | Análise de risco do projecto *Ameaças, probabilidades das ameaças, grau de impacto das ameaças nos objectivos, planos de contingência, etc.* |
| 5 | Calendário *Gantt* do projecto. |
| 6 | Orçamento detalhado. |
| 7 | Contrato(s). |
| 8 | Plano de contas. |
| 9 | Anexos |

ii. Ficha de projecto – Tem por objectivo apresentar, de uma forma sintética, a informação de cada projecto, pelo que deve ser preenchida uma por cada projecto. Neste documento, identifica-se: chefe do projecto equipa, a duração, as receitas/custos, as fontes de financiamento, os objectivos a atingir, a calendarização das actividades (*Gantt*), as principais ameaças, as entidades internas e externas que irão interagir com o projecto, etc. Para maior detalhe ver livro – *Implementação do Balanced Scorecard no Estado*. Almedina, 2009, Jorge Caldeira.

iii. *Report* de monitorização – Funciona como *report* normal onde se pode acompanhar o estado da arte da execução da carteira de projectos. Utiliza um conjunto de métricas específicas que permitem controlar os *drivers* do projecto. Nos pontos seguintes, este tópico será apresentado com maior detalhe.

iv. Relatório de encerramento – Para proceder ao fecho do projecto, é comum elaborar-se um relatório de encerramento. Quando os projectos são de pequena dimensão ou são de reduzida relevância para a organização, a produção do relatório de encerramento poderá ser um pouco excessiva, pelo que não faz sentido a sua elaboração. Em termos de estrutura, o relatório de encerramento pode apresentar a seguinte constituição:

| Capítulos do *Dossier* do projecto | |
|---|---|
| 1 | Enquadramento do projecto |
| 2 | Principais constrangimentos |
| 3 | Nível de concretização dos objectivos |
| 4 | Impacto do projecto |
| 5 | Factores críticos de sucesso |
| 6 | Aprendizagem gerada |
| 7 | Conclusões finais |
| 8 | Anexos |

## 7.3. Controlo da execução de projectos

No âmbito dos projectos internos da organização, a monitorização tem em conta 2 fases: a) Acompanhamento; b) Avaliação. No acompanhamento, deve privilegiar-se a utilização de indicadores que possam responder às seguintes questões: Quanto é que já está feito? Estamos quase a terminar o projecto? Estamos atrasados? Estamos dentro do calendário? Estamos adiantados? Houve derrapagem financeira, ou seja, estamos a gastar mais do que estava previsto? Qual a expectativa para o futuro, isto é, existe algum risco de nos atrasarmos ou de gastarmos mais do que o previsto no orçamento, ou de não virmos a cumprir os objectivos que estão previstos para o projecto?

Na fase de avaliação do projecto, o fundamental é avaliar o grau de concretização dos objectivos que estavam previstos para o projecto. Aqui utiliza-se a mesma metodologia referida no ponto 5.1.3. – Espectro de níveis explicativos de performance.

## 7.3.1. *Indicadores para projectos*

Para respondermos de forma sistemática às questões expostas no ponto anterior, podemos utilizar os seguintes indicadores:

| Indicadores | Questões para dar resposta |
|---|---|
| Taxa de execução física do projecto | Quanto já fizemos? |
| Estado de execução física do projecto | Estamos atrasados? |
| Estado de execução financeira | Qual a situação em termos de custos? |
| Nível de risco esperado para o futuro | Podemos vir a falhar no futuro? |

Indicador – Taxa de execução física do projecto

| Descrição | Percentagem de tarefas do projecto já concluídas face ao total de tarefas que o projecto tem. |
|---|---|
| Fórmula analítica | = n.º de horas das tarefas já concluídas / n.º de horas de todas as tarefas do projecto<br><br>Para se poder apurar este indicador, é necessário que para cada tarefa do projecto esteja identificado o n.º de horas necessárias para a executar. |

Indicador – Estado de execução física do projecto

| Descrição | Calcula o estado da arte da execução do projecto. |
|---|---|
| Fórmula analítica | = Taxa de execução física do projecto / Taxa de execução física prevista do projecto<br>Se > 1 – Adiantado<br>Se = 1 – Dentro do previsto<br>Entre [0,9; 1[ – Com ligeiro atraso<br>Se < 0,9 – Muito atrasado |

## Indicador – Estado de execução financeira

| Descrição | Mede o desvio orçamental dos custos do projecto. |
|---|---|
| Fórmula analítica | = Gastos reais / Orçamento<br><br>Se > 1,1 – Gastos muito acima do previsto<br>Entre [1; 1,1[ – Dentro da tolerância<br>Se = 1 – Dentro do orçamento<br>Se < 1 – Gastos abaixo do previsto<br><br>Nota – Caberá à gestão definir a dimensão da tolerância do desvio orçamental. Neste exemplo, utiliza-se uma tolerância de 10%. |

## Indicador – Nível de risco esperado para o futuro

| Descrição | Descrição Identificação do nível de risco global do projecto no que diz respeito a ameaças que possam comprometer a execução física, a execução financeira e a concretização dos objectivos do projecto. |
|---|---|
| Fórmula analítica | Fórmula analítica Análise subjectiva por parte do gestor do projecto. |

Para se poder acompanhar o nível de performance dos vários indicadores, podemos recorrer à classificação semafórica. Exemplo:

| Nível de Performance | | | | |
|---|---|---|---|---|
| | Taxa de execução física do projecto | Estado de execução física do projecto | Estado de execução financeira | Nível de risco esperado para o futuro |
| ● Azul | [75%; 100%] | Adiantado | Gastos abaixo do previsto | Sem risco |
| ● Verde | [50%; 75%[ | Dentro do previsto | Dentro do orçamento | Risco quase nulo |
| ● Amarelo | [25%; 50%[ | Com ligeiro atraso | Dentro da tolerância | Algum risco |
| ● Encarnado | [0%; 25%[ | Muito atrasado | Gastos muito acima do previsto | Risco elevado |

### 7.3.2. Gestão de ameaças

A gestão de ameaças deve ser efectuada no âmbito de projectos com elevado grau de complexidade, de importância ou de incerteza. Se a organização pretender efectuar uma gestão de ameaças com maior profundidade, poderá socorrer-se do modelo que se apresenta na figura em baixo. Num primeiro passo, identifica as principais ameaças que podem comprometer o projecto. De seguida, através de uma análise subjectiva, atribui uma pontuação (ex.: escala de 1 a 5) para as três variáveis: a) Nível de probabilidade; b) Nível de impacto nos objectivos; c) Nível de complexidade. A primeira variável identifica a viabilidade da ocorrência da ameaça. A segunda variável expõe o nível de impacto negativo que a ameaça terá nos objectivos da organização se vier de facto a ocorrer. E por fim, a terceira variável identifica o nível de complexidade da eventual solução para eliminar/reduzir o efeito negativo do impacto da ameaça.

| Ameaças | Nível de Probabilidade | Nível de Impacto | Nível de Complexidade |
|---------|------------------------|------------------|-----------------------|
| D | 4 | 4 | 1 |
| B | 1 | 1 | 2 |
| C | 5 | 5 | 4 |
| D | 2 | 4 | 4 |

Figura 24 – Quadro de apoio à gestão de ameaças

Em função do nível de probabilidade de ocorrência que as ameaças têm, bem como o nível de impacto que poderão ter nos objectivos, as ameaças são dispostas pelos quatro quadrantes que identificam o tipo de gestão que deve ser efectuado.

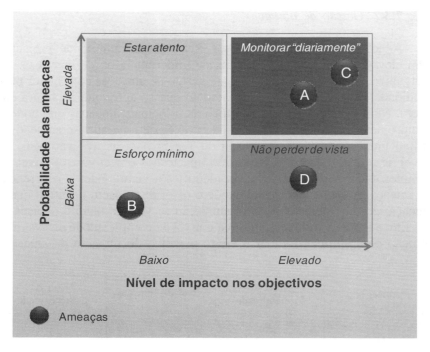

Figura 25 – Exemplo de *layout* de gestão de ameaças

Para cada uma das ameaças, deve ser previamente equacionado o respectivo plano de contingência.

### 7.3.3. *Exemplos de* reports

Na figura em baixo, apresenta-se um exemplo de *layout* de comunicação do estado da arte de um projecto, nas suas variáveis mais habituais.

Monitorização de Projectos 115

Figura 26 – Exemplo de *layout* de acompanhamento de projecto

Na figura em baixo, apresenta-se um *report* de acompanhamento de uma carteira de projectos:

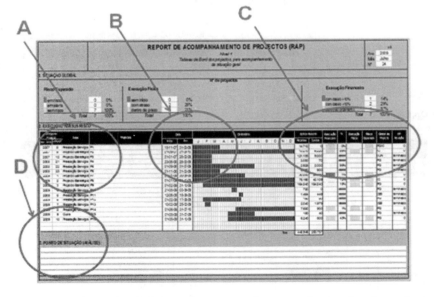

Figura 27 – Exemplo de *layout* de acompanhamento de carteira de projectos

## A. Detalhe da identificação dos projectos:

| Código do Projecto – Ano início | N°RAP | Área | Projectos |
|---|---|---|---|
| 2007 | 8 | Prestação Serviços | P1 |
| 2007 | 9 | Projecto Estratégico | P2 |
| 2007 | 12 | Projecto Estratégico | P3 |
| 2008 | 21 | Prestação Serviços | P4 |
| 2008 | 22 | Prestação Serviços | P5 |
| 2008 | 23 | Prestação Serviços | P6 |
| 2009 | 1 | Projecto Estratégico | P7 |
| 2009 | 2 | Projecto Estratégico | P8 |
| 2009 | 3 | Projecto Estratégico | P9 |

## B. Detalhe da calendarização Gantt de cada projecto:

| Data Início | Fim | Calendário |
|---|---|---|
| 15-11-07 | 31-03-09 | |
| 01-09-07 | 31-08-10 | |
| 01-01-07 | 28-02-09 | |
| 23-06-08 | 28-02-09 | |
| 01-09-08 | 31-07-09 | |
| 01-11-08 | 31-03-09 | |
| 01-01-09 | 30-06-09 | |
| 01-01-09 | 31-12-09 | |
| 01-02-09 | 31-12-09 | |
| 21-05-09 | 03-06-09 | |

## C. Detalhe dos custos e das variáveis de acompanhamento de cada projecto:

| óptica tesoraria Receitas | Custos | Execução Financeira | % | Execução Física | Risco Esperado | Gestor do Projecto | N° Revisão |
|---|---|---|---|---|---|---|---|
| 14.712 | 0 | | 0% | | | PG/IC | 0 |
| 13.270 | 6.220 | | 86% | | | IC | 0 |
| 121.105 | 9.000 | | 100% | | | MJN | teminado |
| 3.000 | 70 | | 100% | | | PG | teminado |
| 2.925 | 2.000 | | 99% | | | PG | teminado |
| 5.460 | 900 | | 100% | | | PG | teminado |
| 30.000 | 24.600 | | 1% | | | IC | 0 |
| 75.160 | 42.109 | | 12% | | | IC | 0 |
| 164.840 | 164.840 | | 15% | | | PG | 0 |

D. Detalhe da análise do ponto de situação:

**3. PONTO DE SITUAÇÃO (ANÁLISE):**

# 8. APRESENTAÇÃO E DISCUSSÃO DA PERFORMANCE

## 8.1. Reuniões de monitorização da performance

As reuniões de monitorização da performance constituem o culminar do processo de monitorização. É nesta etapa que os gestores da organização, os seus actores mais críticos e eventualmente também os colaboradores, se juntam à mesma mesa para, de forma presencial, discutirem a dimensão dos seus desvios, identificarem as causas originadoras desses desvios, definirem as medidas correctivas que devem ser tomadas, analisarem a qualidade das suas decisões passadas e reajustarem os seus recursos humanos, financeiros e materiais face aos novos contextos.

### 8.1.1. *Relevância das reuniões de monitorização*

É indiscutível a importância de poder reunir presencialmente e de forma sistemática quer os decisores quer os colaboradores da organização. É nestes momentos que se podem fortalecer as relações internas, ouvir as críticas, obter contributos, promover *brainstorming*, disseminar experiências, alinhar ideias e objectivos, comunicar informações e tomar as decisões mais importantes para a organização.

A reunião é, em si, um instrumento relevante para a difusão de informação e para a democratização da mesma, quer no sentido de revelar falhas nos processos internos, quer como a necessidade de encontrar soluções inovadoras. A reunião também é uma oportunidade de compartilhar com pessoas que fazem parte do nosso universo corporativo as nossas ideias e visões sobre assuntos de interesse comum e também trocar informações. A reunião presencial potencia que a exposição da performance da organização seja entendida de forma idêntica, pelo que se evitará análises e conclusões distintas que naturalmente poriam em causa as decisões da organização.

As reuniões de monitorização são essencialmente reuniões para a tomada de decisão. No entanto, assumem também um pouco o papel de reuniões de discussão e de reuniões de comunicação. Pretende-se que os intervenientes tenham a oportunidade de contribuir para as soluções e reforcem o seu alinhamento com a organização.

### 8.1.2. Porque falham as reuniões

O sucesso das reuniões está directamente ligado à eficácia dos seus resultados, bem como à eficiência do tempo consumido na sua realização. Para se garantir estes aspectos, importa que a decisão sobre o formato da reunião dependa sempre de um conjunto de factores.

Um factor muito importante tem a ver com a definição de quem participará nas reuniões. Em organizações de menor dimensão, as reuniões são, em geral, presenciadas por todos os colaboradores. Este aspecto constitui uma vantagem característica deste tipo de organizações, já que a interacção entre os participantes é claramente superior e a comunicação é efectuada de forma generalizada. Numa organização de maior dimensão, é necessária a determinação do tipo e número de pessoas que participará na reunião. Nestas organizações, torna-se necessário segmentar as reuniões de forma a tornar eficaz a discussão da performance em toda a hierarquia.

O número de participantes é também um factor crítico para o sucesso da reunião. Grupos menores são mais eficientes e trabalham melhor que grupos maiores. A partir de um determinado número de participantes, o nível de interacção tende quase sempre a diminuir, assim como a produtividade da reunião. Sempre que existe um número de participantes superior ao desejável, é fundamental que se invista mais na preparação da reunião de forma a minimizar o efeito negativo de um número elevado de intervenientes.

Os principais factores que comprometem o sucesso das reuniões são:

- A reunião é muito longa.
- A agenda é muito extensa.
- A reunião concorre com outras reuniões importantes.
- Existem muitos participantes na reunião.
- Os participantes que deveriam estar presentes, não estão.
- Os participantes que não precisam de estar presentes, estão.
- A reunião não foi convenientemente preparada.
- Não existe liderança na reunião.
- A sala não é a mais adequada para a reunião.

### 8.1.3. *Aspectos críticos para a reunião*

Existem 3 questões que são fundamentais para a tomada de decisão sobre a pertinência da realização da reunião: i) Necessidade da reunião – Pode ser substituída por outra forma de decisão? ii) Objectivo da reunião – O que é que pretendemos exactamente com a reunião? iii) Oportunidade da reunião – Em relação ao tema a ser discutido, o momento é o mais adequado?

Os tópicos da ordem de trabalhos devem ser preparados e comunicados com antecedência aos intervenientes da reunião. Sempre que se foge à ordem do dia, as reuniões tendem a prolongar-se excessivamente, sobretudo porque propicia divagações na discussão.

A liderança da reunião tem em si responsabilidades elevadas que não pode descuidar, sob pena de a reunião não vir a atingir os seus objectivos: gerir o tempo da reunião, ser firme, assertivo, estimular a discussão, manutenção e controle do rumo da reunião, encorajar a decisão pelos participantes, avaliar os resultados da reunião, promover a manutenção da harmonia interna, alertar sobre a indisciplina, ajudar ao alinhamento de raciocínios, expressar exemplos relevantes para a consolidação de ideias, neutralizar dominadores, estimular passivos e apáticos, ter uma presença marcante, etc.

Existem sinais que rapidamente indicam que a reunião pode vir a estar comprometida na concretização do seu propósito: atraso do líder, local não disponível nem adequado, abertura da reunião despropositada, despreparo da liderança, participantes retardatários, interrupções irrelevantes e frequentes, despreparo geral dos participantes, discussões inseguras e improdutivas, falta de objectividade na abordagem dos temas, ausência de seriedade e descompromisso, assuntos paralelos competindo com os temas centrais, etc.

Podemos assim dizer que estamos perante uma reunião com potencial sucesso quando: a agenda é conhecida e entendida, os intervenientes convidados são os necessários, a liderança existe, é assumida e adequada, as mensagens são claras, os intervenientes conhecem o seu papel e estão preparados para a reunião.

## 8.2. Agenda da reunião

Existem vários tipos possíveis de estrutura de agenda para as reuniões de acompanhamento da performance. A sua estrutura varia essencialmente em função: i) da frequência da realização das reuniões; ii) do objecto e respectivos participantes da reunião.

### 8.2.1. *Aspectos centrais na construção da agenda*

Quanto menor é a frequência de realização das reuniões (ex.: trimestral ou quadrimestral), maior tenderá a ser a duração de cada uma das sessões. Esta situação acontece porque a organização aproveita para rentabilizar a oportunidade de ter os seus colaboradores reunidos.

Tal como foi apresentado no ponto anterior, a estrutura também pode variar em função do objecto da reunião. Basicamente, podem existir 3 tipos diferentes: i) Reuniões de alta direcção; ii) Reuniões de direcção intermédia; iii) Reuniões com colaboradores em geral.

i. <u>Reuniões de alta direcção</u> – participam em exclusivo os gestores de topo da organização, nomeadamente membros do conselho de administração. Discute-se essencialmente os objectivos estratégicos e operacionais mais relevantes, o andamento dos principais projectos, bem como outros aspectos críticos para a boa execução dos planos estratégico e de actividades. Nestas reuniões, decide-se em concreto quais as prioridades e as principais orientações que devem ser dadas à gestão intermédia da organização.

ii. <u>Reuniões de direcção intermédia</u> – são participadas pelas chefias das unidades orgânicas, bem como por outras chefias de segunda linha. Podem eventualmente participar colaboradores com funções críticas dentro das unidades orgânicas. São essencialmente reuniões de carácter mais táctico, onde se discute os principais constrangimentos operacionais e se decide acerca da reafectação de recursos.

iii. <u>Reuniões com colaboradores em geral</u> – constituem essencialmente reuniões de comunicação, em que participam os colaboradores em geral e as respectivas chefias intermédias. Enquadram-se as novas prioridades, colecta-se contributos, ouve-se os principais problemas e orienta-se as actividades.

Em termos de duração, estas reuniões geralmente absorvem uma manhã ou uma tarde de trabalho. Dificilmente consumirão mais do que um dia inteiro.

Independente da estrutura que se venha a estabilizar para a reunião de monitorização, existe um conjunto de objectivos que não pode ser esquecido e que deve impreterivelmente ser atingido:

– Apresentar objectivamente o nível da performance.
– Decidir sobre os pontos críticos da organização.

### 8.2.2. Assuntos da agenda

Em termos gerais, uma agenda tipo para uma reunião de apresentação e discussão da performance pode assumir a seguinte estrutura:

| Tempo aproximado | Quem participa? | O que se discute? |
|---|---|---|
| 5 minutos | Membro do Conselho de Administração | Abertura da reunião |
| 5/15 minutos | Directores de Unidades Orgânicas | Performance de cada Unidade Orgânica |
| 30 minutos | Todos os participantes da reunião | Discussão geral |
| 15 minutos | Responsável pelo Processo de *Reporting* | Ponto de situação do Processo de *Reporting* |
| 15 minutos | Membro do Conselho de Administração | Conclusões e próximos passos |

Abertura da reunião:

Geralmente é feita por um elemento da gestão de topo que dá início aos trabalhos da reunião identificando:

– Aspectos críticos para a realização da reunião.
– Objectivos que se esperam vir a ser atingidos durante a reunião.

Monitorização da Performance Organizacional

– As conclusões da reunião anterior, bem como os compromissos que tinham sido assumidos pelos respectivos participantes.

<u>Performance por cada unidade orgânica:</u>

Deve ser efectuada pelos responsáveis directos das unidades orgânicas, onde devem procurar expor:

– O nível actual de performance, a sua evolução passada e as suas causas.
– Os principais constrangimentos suportados durante o período de análise.
– A eficácia das decisões passadas.
– As perspectivas de performance futura e desafios.
– As propostas de melhorias.
– Os compromissos que pretendem assumir.

<u>Discussão geral:</u>

Constitui um período de discussão onde se pretende rentabilizar as sinergias da organização, permitindo que todos os elementos participantes da reunião possam apresentar os seus contributos individuais para:

– A resolução dos problemas actuais.
– A resolução dos desafios futuros da organização.

<u>Ponto de situação do Processo de *Reporting*:</u>

Cabe ao elemento da organização com responsabilidade pelo Processo de *Reporting* explicar:

– Os constrangimentos (ex.: tempos e qualidade) do fluxo de informação.
– A consolidação das fases de registo e tratamento da informação.
– As propostas de reajustamento de indicadores.
– As alterações e/ou desenvolvimentos que se venham a verificar no Processo de *Reporting*.

*Apresentação e Discussão da Performance* 125

Conclusões e próximos passos:

Cabe ao elemento da gestão de topo proceder ao encerramento da reunião, recordando:

- O nível de performance actual.
- Os desafios futuros.
- As decisões aprovadas.
- Os compromissos assumidos.

Deve implementar-se a regra de, no fim de cada reunião de acompanhamento da performance, se proceder à redacção de um memorando.

### 8.2.3. Elemento de apoio à condução da reunião

As reuniões de acompanhamento da performance devem ser apoiadas pelo elemento da organização com responsabilidade pela condução de todo o *Processo de Reporting*. Em organizações de maior dimensão, existem unidades orgânicas compostas por vários colaboradores com a missão de apoiar as áreas de planeamento estratégico e operacional, bem como o processo de monitorização da performance organizacional da instituição. Nas organizações de menor dimensão, nem sempre existe disponibilidade de recursos humanos e financeira para que seja criada uma unidade orgânica com as funções apresentadas. Por vezes, nem existe a possibilidade de afectar um colaborador a 100% para esta missão. Não é, assim, raro encontrar um responsável único pelo processo de monitorização com acumulação de responsabilidades em outras áreas distintas do acompanhamento.

A quem couber as responsabilidades de apoio a reunião terá essencialmente que suportar as seguintes tarefas:

- Preparação da agenda da reunião.
- Preparação do documento integrado de apresentação da reunião.
- Preparação do *dossier* da reunião para os participantes.
- Preparação dos intervenientes.
- Memorando das conclusões.

   i. Preparação da agenda da reunião – Apesar do modelo de agenda ficar praticamente estabilizado logo de início, poderá, em algumas

126 *Monitorização da Performance Organizacional*

situações, ser alvo de ajustamento face a eventuais alterações de participantes ou devido à introdução de assuntos específicos.

ii. Preparação do documento integrado de apresentação da reunião – Para garantir que a reunião se desenrole de forma fluida, poderá ser preparado um documento, eventualmente em PowerPoint, por forma a garantir padronização das apresentações dos diferentes intervenientes, potenciando assim uma comunicação mais profissional e eficaz.

iii. Preparação do *dossier* da reunião para os participantes – O *dossier* da reunião deverá conter essencialmente: a) *Report* anterior; b) O Memorando com as conclusões da reunião anterior; c) Fichas caracterizadoras dos indicadores; d) *Report* actual; e) Outros documentos relevantes. Importa que cada participante tenha acesso a um exemplar deste *dossier*. Poderão ser introduzidos outros tópicos em função das especificidades da reunião. Caberá à organização decidir se o *dossier* é ou não enviado antecipadamente.

iv. Memorando das conclusões – Imediatamente após o fecho de cada reunião de acompanhamento de performance, deve ser elaborado um memorando com a exposição de todos os pontos relevantes debatidos durante a sessão, bem como as respectivas conclusões. Não se pretende que seja um documento demasiado extenso. Deve ser muito objectivo. As vantagens da preparação do memorando são várias: a) Formaliza-se o nível de performance atingido; b) Assinala-se os principais constrangimentos; c) Regista-se as principais decisões; d) Assumem-se formalmente os compromissos. O memorando será assim uma peça extremamente útil na próxima reunião de discussão, uma vez que recorda todos os factos relevantes da reunião anterior, o que obviamente ajuda na preparação da reunião que se avizinha.

### 8.3. Exemplos de reuniões de discussão de resultados

A arquitectura das reuniões pode apresentar inúmeras soluções, todas elas viáveis. No entanto, o sucesso da reunião dependerá essencialmente da capacidade de quem a planeia e coordena de a adaptar aos inúmeros aspectos específicos da organização e de saber gerir todas as sensibilidades dos intervenientes da reunião. Cada vez mais, as reuniões de análise da performance centram-se na procura conjunta de soluções, evitando-se todas as situações que possam conduzir a momentos constrangedores, nomeadamente com a sinalização propositada dos aspectos mais negativos em termos de performance e a respectiva responsabilização. A reunião deve ter a capacidade de atrair e não o efeito de afastar.

**8.3.1. *Documento de apresentação de resultados***

Exemplo de um documento em PowerPoint para apresentação dos resultados anuais:

Capa do relatório:

### 3.ª Ronda de Acompanhamento Estratégico

### 4.ª Trimestre de 2004
### Balanço Anual
2 de Fevereiro de 2005

Agenda da reunião:

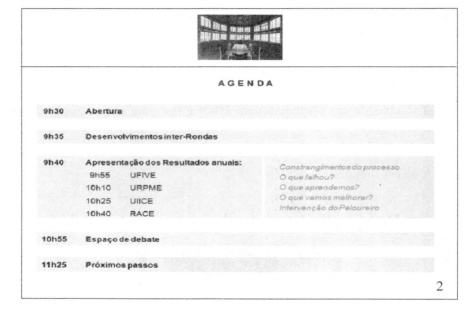

Apresentação dos desenvolvimentos ocorridos desde a última monitorização até a actual:

## Desenvolvimento inter-rondas

- Reuniões da UEPCE com a UIICE e RACE para a estabilização de indicadores;

- Participação na reunião com a UFIVE para alinhamento da equipa;

- Suspensão do mapeamento do *core* da Instituição X até ao final do ano (2004).

Ponto de situação das unidades orgânicas em termos de agilização do processo de recolha de resultados, de alinhamento dos seus colaboradores com os objectivos e em termos de aprendizagem gerada pela prática de monitorização:

### Desenvolvimento inter-rondas

| Como estamos? | O que se pretende? | Como pode ser feito? |
|---|---|---|
| **Processo** | • Agilizar o processo de recolha de informação para os indicadores | • Criar rotinas para recolha atempada |
| **Alinhamento** | • Motivar para que a estratégia seja um trabalho de todos | • Comunicar<br>• Envolver as equipas<br>• Alinhar os colaboradores |
| **Aprendizagem** | • Garantir que a estratégia seja um processo contínuo | • Reflectir internamente |

4

Apresentação da performance de uma unidade orgânica:

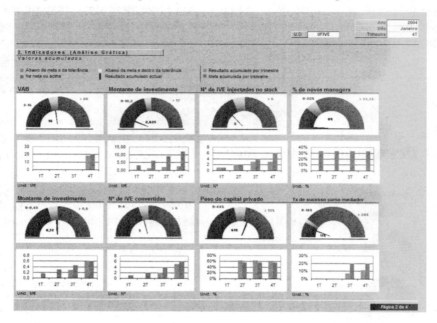

Apresentação dos próximos passos em termos de responsabilidades dos intervenientes e da consolidação do processo de monitorização:

## Próximos passos

**Pelas U.O.:**
1) Reforçar as componentes internas de processo, alinhamento e aprendizagem.
2) Declinar os objectivos de U.O. em objectivos de sub-unidades e individuais.

3) Preparar a integração estratégica da Macro-iniciativa + QI.
4) <u>Até 28 de Fevereiro</u>:
   - *Metas[1] para o 1 Quadrimestre de 2005.*
   - *Ficha de indicadores actualizadas;*

**Pela UEPCE:**
1) Apoiar as U.O na componente de aprendizagem do seu mapa estratégico.
2) Retomar o mapeamento do core da Instituição X.

1 - A UEPCE entenderá estas metas como previamente negociadas com os respectivos peloureios.

### 8.3.2. Memorando de conclusões

Exemplo da redacção de um memorando de conclusões de uma reunião de discussão da performance:

*Conclusões da 3.ª Ronda de Acompanhamento Estratégico em metodologia BSC*
*4.ºT 2004 – Balanço anual*
*2 de Fevereiro de 2005*

1. *É imperativa a imersão efectiva das UO na metodologia de gestão por objectivos, devendo as respectivas chefias reanalisar a respectiva estrutura e ajustá-la aos objectivos estratégicos, numa lógica que permita a responsabilização em cascata das sub--equipas e, no limite, de cada um dos colaboradores que as compõem.*

2. *Em próximas rondas, as alterações verificadas entre reports quadrimestrais, no que respeita ao grau de cumprimento de objectivos, serão sempre alvo de explicação por parte das chefias das respectivas unidades, tal como é explicitado no manual de procedimentos.*
3. *Foi identificada a necessidade de acompanhar informalmente a evolução do processo em cada unidade entre rondas de acompanhamento estratégico. Para o próximo quadrimestre, foram sugeridos três momentos a acordar entre a unidade de planeamento e cada uma das chefias das unidades.*
4. *O inquérito para apuramento do grau de satisfação dos clientes externos deverá ser preparado pela unidade de estudos, com o apoio da unidade de planeamento e das unidades abrangidas, devendo o mesmo estar preparado para lançamento junto dos clientes na ronda de Maio.*
5. *Ficou determinado que deverão ser identificados os pontos críticos no relacionamento entre UO:*

   *a. UO x e UO y.*
   *b. UO x, UO z e UO k.*

   *procedendo-se à sua exploração em profundidade, de modo a ser possível apresentar resultados na ronda de Maio.*
6. *Ficou definido que a UIF será introduzida no report, a par da UCM e da UCPEX.*
7. *Cada uma das unidades em gestão por objectivos destacou 3 compromissos a executar até ao fim do primeiro quadrimestre de 2005:*

   *i. UO x*

1. *Ao nível da aprendizagem, aumentar a capacidade dos RH para reforçar o grau de prossecução do objectivo 8 e activar o objectivo 9.*
2. *Colocar em funcionamento o sistema de informação do Projecto z para viabilizar a aferição dos indicadores do objectivo 1.*
3. *Preparar fichas por sub-equipa, seleccionando as iniciativas estratégicas.*

   *ii. UO k*

1. *Consolidar iniciativas – Formação, Benchmarking e Cooperação.*
2. *Clarificar os aspectos relacionados com o papel da unidade na Inovação.*
3. *Consolidar a rede de distribuição dos produtos (rede de consultores).*

*iii. UO p*

1. *Activar o objectivo 5 e envolver a equipa CGOC.*
2. *Plano de formação – destinatários UO w e Directores de clientes.*
3. *Acordos de níveis de serviço com outras unidades, em particular e com urgência com a UO w (foi indicado o final de Fevereiro para execução da reunião a 4).*

*iv. UO q*

1. *Gestão preventiva dos produtos (alertas).*
2. *Acordos de níveis de serviço com UIICE.*
3. *Alargar e fidelizar clientes, tendo sido referida a necessidade de, a par com a venda dos "novos produtos", se intensificar e valorizar a venda de "produtos difíceis".*

### 8.3.3. Seguimento das decisões/compromissos

Um dos aspectos importantes do processo de gestão passa pelo acompanhamento efectivo das decisões e compromissos assumidos nas reuniões de discussão de resultados. Quando a frequência de monitorização é baixa, corre-se o risco da organização "esquecer" ou deixar para trás algumas decisões importantes para a correcção dos desvios. Uma das formas de reduzir esse risco passa pela própria monitorização dos compromissos assumidos, o que irá permitir manter "vivas" as decisões assumidas.

Exemplo de uma ficha de monitorização de compromissos assumidos em reuniões de discussão de performance:

| | | FLASH REPORT | U.O. | UFIVE |
|---|---|---|---|---|
| ■ IAPMEI  icep\|portugal | | *Balanced Scorecard* U.Estratégia | Data | [xx-xx-xx] |
| | | | Nº | [xx] |

**1. RELATÓRIO DE ACOMPANHAMENTO DAS CONCLUSÕES DAS RAE**

**2. COMPROMISSOS DE HONRA**

| | Criar rotinas para recolha atempada da informação | Tempo dedicado à estratégia | Contribuições para o Inquérito |
|---|---|---|---|
| Executado ? | | | |

| | |
|---|---|
| 1. Ao nível da aprendizagem, aumentar a capacidade dos RH para reforçar o grau de prossecução do objectivo 8 e activar o objectivo 9. | |
| 2. Colocar em funcionamento o sistema de informação do SIRME para viabilizar a aferição dos indicadores do objectivo 1. | |
| 3. Preparar fichas por sub-equipas em BSC, seleccionando as iniciativas estratégicas. | |

**Notas ao relatório:**        ▪▪▪ Em execução   ✓ Executado

...

Se a monitorização da performance for efectuada trimestralmente, a monitorização das decisões assumidas poderá ser feita mensalmente. Uma unidade com responsabilidades de monitorização pode ir aferindo o grau de concretização dos compromissos e transmitir essa informação à gestão da organização.

# 9. MANUAL DE PROCEDIMENTOS DO PROCESSO DE MONITORIZAÇÃO

## 9.1. Objectivos do manual

O manual de procedimentos é um documento interno da organização que pretende constituir-se como um referencial técnico no que diz respeito a todo o processo que abrange a monitorização da performance organizacional. A construção de um manual de procedimentos tem por objectivo deixar regulado processos, calendários, responsáveis e ferramentas da área da monitorização. É um documento da responsabilidade de quem tem o dever de implementar e acompanhar a performance da instituição. Não é um documento estático, pelo que deve ser actualizado sempre que faça sentido.

### 9.1.1. *Função do manual*

Importa olhar para este documento como um veículo de informação que consiga eficazmente transmitir:

– Os princípios metodológicos do processo de monitorização.
– A explicitação dos processos, calendários e responsáveis.
– A explicitação das ferramentas a utilizar.
– As alterações e os desenvolvimentos que se venham a verificar no futuro.

   i. Os princípios metodológicos do processo de monitorização – As razões subjacentes à introdução de um processo de monitorização numa organização devem sempre ser explicadas aos colaboradores envolvidos. Importa que todos possam compreender claramente o porquê e as vantagens associadas à implementação de um processo de acompanhamento de performance na sua

# 136 Monitorização da Performance Organizacional

organização. Basicamente, podemos dar resposta a este ponto respondendo a duas questões: Porque vamos fazê-lo? O que pretendemos vir a obter?

ii. A explicitação dos processos, calendários e responsáveis – Todos os processos que abrangem a monitorização (ex.: registo, recolha, tratamento, disponibilização, análise, etc.) devem estar bem definidos no que diz respeito ao seu modelo de funcionamento, bem como o seu calendário, as *milestones* e respectivos responsáveis e destinatários.

iii. A explicitação das ferramentas a utilizar – Qualquer ferramenta (ex.: sistema informático, metodologia, etc.) que seja utilizada no processo, deve ser explicada no manual de procedimentos no que se refere aos seus objectivos, modo de funcionamento e utilizadores.

iv. As alterações e os desenvolvimentos que se venham a verificar no futuro – Qualquer processo em qualquer organização está sujeito a sofrer alterações de funcionamento. Estas alterações podem surgir via processo de aprendizagem – afinamento do processo – e também pela evolução da exigência do acompanhamento quer por necessidade interna ou quer por imposição externa (*stakeholders*).

## 9.1.2. Destinatários do manual

O manual de procedimentos deve ter como destinatários todos os colaboradores da organização: A gestão de topo, a gestão intermédia e os colaboradores em geral. Apesar da monitorização da performance ser uma matéria muito específica da gestão, irá envolver a totalidade dos indivíduos de uma organização, pelo que o acesso às regras do "jogo" deve aplicar-se a todos.

Caberá ao responsável pela preparação do manual de procedimentos definir qual a forma mais eficaz de construir o manual de modo a que ele possa ser compreendido rapidamente por todos os seus destinatários. Na construção do manual, deve existir sempre uma preocupação na forma como se comunica as suas informações, ou seja, a linguagem deve ser acessível de forma transversal.

Não basta construir o manual e enviar por mail a todos os elementos da organização. Nesta matéria, é fundamental que se consiga conquistar a organização. Para isso, é necessário ir um pouco mais longe, nomea-

*Manual de Procedimentos do Processo de Monitorização* 137

damente auscultar informalmente o destinatário e verificar se a mensagem está a passar efectivamente. Nos casos em que a comunicação falha, pode fazer sentido preparar acções de sensibilização nas unidades orgânicas. Através de uma pequena apresentação, sensibiliza-se os elementos de uma unidade orgânica para o processo de monitorização.

Ao construir o manual, pode evitar-se os documentos produzidos numa base de Word, demasiado formais, e usar o PowerPoint para criar o manual. O PowerPoint permite que a mensagem seja mais leve, suportada essencialmente em figuras, e de manuseamento mais célere.

Outro aspecto que pode ajudar a organização a receber a mensagem passa pela identificação, no manual, das matérias mais relevantes, identificando-as através de caixas de texto em cor diferente que possa criar contraste e chamar a atenção. Existe uma regra simples: a totalidade do texto nessas caixas não deve ultrapassar as 4 páginas, o que equivale exactamente a 10 minutos de leitura atenta. Desta forma, qualquer indivíduo na organização pode compreender o essencial do processo de monitorização consumindo apenas 10 minutos do seu tempo. Quem constrói o manual identifica as áreas de leitura essencial, pelo que elimina o esforço de um leitor com pouco tempo para descobrir qual a matéria mais relevante.

### 9.1.3. *Processo de actualização do manual*

A actualização do manual de procedimentos deve ser efectuada sempre que for necessária. No entanto, a sua disponibilização aos destinatários deve ser feita com bom senso, de modo a que não estejam permanentemente a sair novas versões. O excesso de versões irá promover o desinteresse pela leitura e a descredibilização do próprio manual e modelo de monitorização. Os excessivos ajustamentos indiciam quase sempre a fragilidade da etapa de planeamento e concepção do modelo.

Na fase de introdução, o manual estará mais sujeito a sofrer alterações. Muitos dos aspectos apresentados no manual poderão ainda estar no campo teórico, pelo que a sua eficácia prática ainda não esta totalmente assegurada. Importa por isso que, antes de sair a primeira versão, possa ser testado com alguns dos destinatários chave. Mesmo durante a construção do manual, com a definição do próprio modelo de monitorização, pode ser útil obter a opinião de algumas áreas da organização, de forma a garantir a aplicabilidade da solução que está a ser desenhada.

138 *Monitorização da Performance Organizacional*

Uma forma de não sobrecarregar os destinatários com leituras excessivas com a saída de novas versões passa pela sinalização, no próprio manual, das respectivas alterações e novidades. Quer no índice, quer nos próprios pontos onde existem as alterações e as novidades, pode sinalizar-se com os seguintes códigos:

– (A) – Alterações: Identificam modificações ao que já existe.
– (N) – Novidades: Identificam novos aspectos que acrescem ao processo.

Desta forma, ao sair uma nova versão do manual, os destinatários sabem instantaneamente quais as partes que devem ser lidas.

Mesmo com a utilização desta regra, deve sempre evitar-se a saída de muitas versões do manual. Uma versão deve conter sempre alterações significativas, pelo que importa ir juntando as respectivas alterações/ /novidades até que faça sentido a emissão de uma nova versão de carácter mais expressivo.

## 9.2. Estrutura do manual

É crucial perder algum tempo de forma a equacionar qual a estrutura do manual mais eficaz para apresentar o modelo do processo de monitorização. Podem existir várias abordagens a esta matéria. No entanto, os pontos que constituem o manual de procedimentos não variam muito. É fundamental explicar porque se pretende monitorar, quais as vantagens que se obtém com a monitorização, quem vai participar no processo, que contributos e em que formato devem entregá-los, quais os instrumentos, documentos e processos que teremos que ter em conta, etc.

### 9.2.1. *Pontos do manual*

Em termos de capítulos, o manual pode ser suportado nos seguintes pontos/capítulos:

# Manual de Procedimentos do Processo de Monitorização 139

| Pontos/capítulos | | Descrição |
|---|---|---|
| 1 | Enquadramento | Explica e fundamenta a decisão que suportou a implementação do modelo de monitorização da performance. Basicamente, constitui uma mensagem da gestão de topo, de forma a patrocinar a aplicação da monitorização. |
| 2 | Objectivos | Apresenta as principais vantagens/benefícios obtidos com a introdução do modelo de monitorização: Possibilidade de identificar desvios e respectivas causas, apoio na definição de medidas correctivas e preventivas, identificação das principais tendências, distinguir a excelência, responsabilizar, etc. |
| 3 | Destinatários | Identifica quem participa no processo de monitorização, identificando os deveres e direitos de cada um. Indica os processos e respectivos *timings*. |
| 4 | Modelo de Monitorização | Apresenta as linhas gerais da arquitectura do modelo concebido e descreve os aspectos mais relevantes dos seus processos. |
| 5 | Processo 1 | Explica detalhadamente o funcionamento de cada processo, identificando sempre a legislação que o enquadra, os seus objectivos, os seus destinatários e respectivos deveres e direitos, os *timings* e os documentos e instrumentos que suportam o processo. |
| 6 | Processo 2 | |
| 7 | Processo ... | |
| 8 | Anexos | Anexos Apresenta todos os modelos de documentos e os instrumentos que serão utilizados nos processos, bem como a eventual legislação que suporta todo o processo de monitorização. |

## 9.2.2. *Exemplo de estrutura*

Em baixo, apresenta-se um exemplo de uma estrutura de manual de procedimentos utilizado para regular toda a área de planeamento, acompanhamento e prestação de contas:

**1 Sumário**

**2 Enquadramento prévio**
   2.1 Objectivos do Manual
   2.2 *Milestones*

2.3 Planeamento e Controlo de Actividade
2.4 Calendário de implementação
2.5 *Roadmap*

**3 Planeamento**
3.1 Plano Estratégico
  3.1.1 Objectivo do documento
  3.1.2 Estrutura do documento
  3.1.3 Processo de elaboração, *timing* e intervenientes
3.2 Plano de Actividades
  3.2.1 Legislação de enquadramento
  3.2.2 Objectivo do documento
  3.2.3 Estrutura do documento
  3.2.4 Processo de elaboração, *timing* e intervenientes
  3.2.5 Ficha de U.O. e Ficha de Iniciativa Estratégica

**4 Monitorização**
4.1 O *Report* de Acompanhamento Estratégico
  4.1.1 Objectivo do *Report*
  4.1.2 Sistema de Informação
  4.1.3 Processo de elaboração, *timing* e intervenientes
  4.1.4 Ficha de Indicador
4.2 O Barómetro do grau de satisfação do cliente-mistério
  4.2.1 Objectivo do Barómetro
  4.2.2 Processo de elaboração, timing e intervenientes
  4.2.3 Questionário do Barómetro e cálculo do grau de satisfação
4.3 O Inquérito à Satisfação do Cliente
  4.3.1 Objectivo do Inquérito
  4.3.2 Caracterização do inquérito
  4.3.3 Processo de elaboração, *timing* e intervenientes
4.4 Análise de reclamações
  4.4.1 Legislação de enquadramento
  4.4.2 Objectivos
  4.4.3 Processo de elaboração, *timing* e intervenientes

**5 Relatório de Actividades**
5.1 Legislação de enquadramento
5.2 Objectivo do documento
5.3 Estrutura do documento
5.4 Processo de elaboração, *timing* e intervenientes

**6 Anexos**
6.1 Ficha de U.O.

6.2 Ficha de Iniciativa
6.3 Ficha de Indicador
6.4 *Repor*t de Acompanhamento Estratégico
6.5 Inquérito à satisfação do cliente

### 9.2.3. Exemplo de índice gráfico

O exemplo apresentado em baixo procurou apresentar o índice do manual de procedimentos através de uma forma gráfica, identificando processos e documentos:

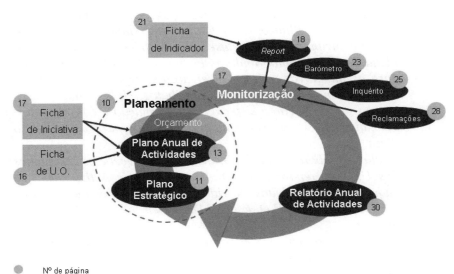

● Nº de página

No manual, as áreas a sombreado identificam texto de leitura obrigatória para as U.O.

### 9.3. Exemplos de manuais de procedimentos

Neste ponto, procurou-se expor alguns exemplos reais de regulamentação no âmbito de manuais de procedimentos existentes em organizações privadas e públicas. Em todos os exemplos, destaca-se a preocupação central na clareza da transmissão dos procedimentos essenciais ao cumprimento das responsabilidades operacionais e estratégicas.

### 9.3.1. *Construção do Plano Anual de Actividades e Orçamento*

Exemplo do processo de construção do Plano Anual de Actividades e Orçamento:

*A UEP articulará com a UF o início do processo de elaboração do Plano de Actividades e Orçamento.*

a. *A UEP, sendo a responsável pela coordenação do Plano de Actividades, desencadeia o processo com o pedido de contributos, enviando para isso a Ficha de U.O. e a Ficha de Iniciativa a todas as U.O.*

b. *[5 dias – Contributos das U.O.] – As U.O., suportadas no documento do Planeamento Estratégico elaborado pelo CD, devem contribuir (numa 1.ª fase individualmente) actualizando a Ficha da U.O. e elaborando as Fichas de Iniciativa Estratégica para as iniciativas a desenvolver no ano seguinte. A URH e a USIC devem solicitar às U.O. contributos relativos aos investimentos em formação e sistemas de informação e consolidá-los, pelo que acresce a estas unidades +3 dias para a conclusão desta fase.*

c. *[8 dias – Elaboração do 1.º Draft] – A UEP recebe os contributos das U.O. e prepara o 1.º Draft do Plano de Actividades que enquadra os contributos individuais e identifica as iniciativas de interacção entre as U.O. Este 1.º Draft é enviado ao CD e a todas as U.O.*
*A UEP emitirá um parecer sobre o nível de cobertura e impacto dos contributos das U.O. quanto às insuficiências internas e aos objectivos/compromissos previstos no Plano Estratégico.*

d. *[4 dias – Comentários ao 1.º Draft] – Período de tempo para as U.O. comentarem o 1.º Draft e reunirem com as U.O. com que interagem, de forma a apresentarem contributos matriciais e estabelecerem níveis de serviço.*

e. *[3 dias – Elaboração do 2.º Draft] – A UEP recebe os contributos das U.O. e prepara o 2.º Draft do Plano de Actividades. Este documento é enviado ao CD para aprovação.*

a. *[5 dias – Aprovação em CD] – O CD aprova o plano e entrega à UEP a "Nota introdutória do CD".*

*O processo de elaboração do Plano de Actividades envolve os meses de Julho e Agosto, pelo que as Chefias que perspectivem períodos de férias devem antecipar os seus contributos e indicar um responsável para acompanhar o processo.*
*Durante a elaboração do Plano de Actividades, devem as chefias das U.O. fomentar e assegurar a efectiva participação de todos os colaboradores.*
*Concluída a sua elaboração e aprovação, o Plano de Actividades será divulgado por todos os trabalhadores do Instituto.*

### 9.3.2. Preparação do *report* de monitorização de projectos

Em baixo, apresenta-se um extracto do manual de procedimentos de uma organização que faz acompanhamento da sua carteira de projectos. O exemplo em questão procura regular a produção do *report* do ponto de situação do estado da arte da carteira de projectos. Cada projecto é monitorizado através de 4 indicadores: % da carga física executada, nível da execução física, nível de execução financeira e risco esperado. Apresentam-se os objectivos do documento de r*eport*, identifica-se a área e o técnico responsável pela sua compilação, identificam-se os destinatários do documento final e define-se a frequência de produção do *report*. Através de quadros, apresenta-se a informação de forma mais sistematizada, o que facilita a leitura. Neste caso em concreto, procurou-se fugir a textos extensos, monótonos e pesados.

| | |
|---|---|
| *Objectivos do Report* | • *Funcionar como um Tableau de Bord, para acompanhamento da situação geral dos projectos.*<br>• *Apresentar a evolução global da carteira de projectos: % da carga física executada, nível da execução física, nível de execução financeira e risco esperado.* |
| *Responsável pela elaboração e actualização* | *Área Administrativa e FinanceiraTécnica X* |
| *Destinatários* | *Administração* |
| *Frequência de actualização* | *Semanal – Todas as segundas-feiras.Enviada para Administração todas as segundas-feiras ao final da manhã.* |
| *Notas adicionais* | *Durante o mês de Agosto e última semana do ano, não se elabora o report.* |

### 9.3.3. Processo de *reporting*

No exemplo em baixo, procurou-se regular todo o processo de *reporting*, utilizando um formato de pergunta resposta:

*1. O que é a Monitorização?*
*R: É um processo que permite efectuar o acompanhamento e controlo dos objectivos, actividades e processos.*

*2. Qual a razão central da Monitorização?*
*R: Um processo de monitorização reforça sempre as possibilidades de êxito na execução estratégica e operacional dos compromissos da empresa.*

*3. Outras vantagens da Monitorização?*
*R: Apurar desvios, Identificar as causas dos desvios, Identificar constrangimentos futuros, Definir medidas correctivas, Definir medidas preventivas, Ajustar de metas, Aumentar a responsabilização, Gerir de forma mais eficaz, Melhorar a prestação de contas com stakeholders e Reforçar a imagem interna.*

*4. Qual a frequência da Monitorização?*
*R: Mensal. No entanto, existem indicadores que são acompanhados semanalmente.*

*5. Onde se regista a Performance?*
*R: No Report de Monitorização. Esta ferramenta assume especial importância, na medida em que é o meio privilegiado de avaliação do desempenho da empresa sob diferentes perspectivas e dimensões.*

*6. Quem prepara o Report?*
*R: Dr. José Silva*

*7. Quando se discute os Resultados?*
*R: Nas Reuniões mensais de Direcção.*

*8. Quem participa na discussão dos resultados?*
*R: A direcção e os seus elementos directos.*

*Manual de Procedimentos do Processo de Monitorização* 145

*9. Em que dia do mês se faz a Reunião mensal de Direcção?*
*R: Na 2.ª segunda-feira de cada mês.*

*10. Em que dia do mês se prepara o Report?*
*R: Até ao dia 5 de cada mês.*

*11. Até que dia do mês devem os responsáveis dos indicadores enviar a informação ao responsável pela construção do Report?*
*R: Até ao dia 3 de cada mês.*

*12. Qual a duração da Reunião mensal de Direcção?*
*R: 2 horas e meia.*

*13. Qual os pontos de agenda da Reunião mensal de Direcção?*
*R:*
*10 minutos – Abertura.*
*90 minutos – Performance: Discussão das causas dos desvios e decisão sobre medidas correctivas.*
*30 minutos – Perspectivas: Análise sobre futuros resultados.*
*20 minutos – Encerramento: Conclusões e recordar decisões e compromissos.*

*14. Como se fecha a reunião?*
*R: Com a redacção de um memorando com as decisões e compromissos assumidos pelos participantes da reunião.*

*15. Quem redige o memorando?*
*R: Dr. José Silva.*

# 10. CONSTRUÇÃO DE *DASHBOARDS*

## 10.1. Para que servem os *dashboards*

Toda a informação que está guardada nas bases de dados da nossa organização não serve grande propósito se não soubermos como a devemos apresentar aos respectivos decisores da instituição. No essencial, por detrás desta informação está uma história que importa ser contada. O *dashboard* é construído para que os gestores possam ter acesso de forma sistemática à informação mais relevante sobre a performance organizacional da sua instituição, ou seja, a história da sua actividade. O *dashboard* não é mais do que um *report* que irá auxiliar os responsáveis de uma organização, de uma área, de uma unidade orgânica ou simplesmente de um projecto na tomada de decisões de gestão. Numa mesma organização podem coabitar diferentes *dashboards* aplicados em diferentes níveis da instituição. O *dashboard* deve ser implementado sempre que exista a necessidade de monitorizar a performance da organização. É seguramente um instrumento privilegiado para a comunicação dos principais números/resultados/performance da actividade organizacional.

### 10.1.1. *Conceito de* dashboard

O significado de *dashboard* pode ser traduzido para *painel de informação*. É essencialmente um instrumento de gestão para a monitorização que tem por objectivo servir decisores de topo, intermédios ou colaboradores, na visualização e análise da informação crítica (*KPI – Key Performance Indicators*), de modo a sustentar a tomada de decisão. O *dashboard* apresenta um conjunto de especificidades próprias, comummente aceites, que caracterizam actualmente o seu conceito:

- O *dashboard* apresenta os principais *drivers* da actividade da organização num único ecrã/página.

- Um *dashboard* comunica preferencialmente através de gráficos.
- Um *dashboard* combina eficazmente a informação sob diferentes perspectivas, com vista a expor relações que seriam difíceis de detectar individualmente.
- Um *dashboard* utiliza um design criativo, simples, directo e elegante.

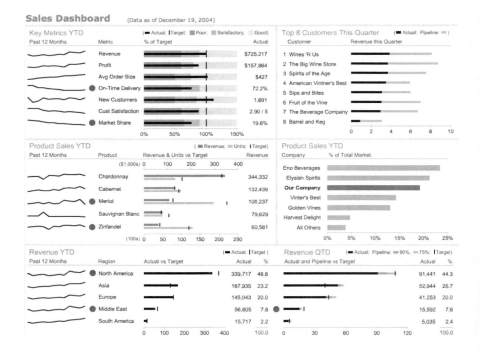

Figura 28 – Exemplo de um *Dashboard* – Courtesy of Stephen Few (www.perceptualedge.com) – From the book: *Information Dashboard Design*

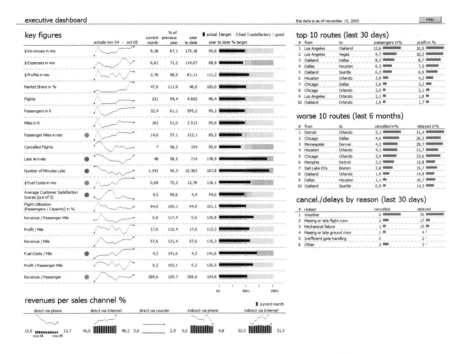

Figura 29 – Exemplo de um *Dashboard* – Courtesy of Andreas Flockermann of BonaVista Systems

## 10.1.2. *Princípios na configuração de* dashboards

Grande parte dos *dashboards* tendem a falhar na sua missão ou, pelo menos, em parte dela. O problema não reside exclusivamente na tecnologia dos *softwares* actuais de construção dos *dashboards*, mas sim particularmente na fraca qualidade da apresentação da informação. De forma a garantir a correcta construção do *dashboard*, é essencial que na sua configuração não se perca de vista os seguintes princípios:

- Visualizar numa única ecrã/página.
- Apresentar a informação preferencialmente através de gráficos.
- Não apresentar mais informação do que a realmente necessária.
- Destacar a informação mais relevante.
- Realçar o presente em detrimento do passado.

150     *Monitorização da Performance Organizacional*

- Organizar a informação de forma lógica.
- Utilizar o espaço de forma eficiente.
- Apresentar um visual apelativo.

i. <u>Visualizar numa única página/ecrã</u> – Evita que o utilizador seja obrigado a passar de ecrã para ecrã ou tenha que utilizar o *scroll* para poder ver toda a informação. O utilizador do *dashboard* deve ter toda a informação à vista imediata. Basicamente, pretende simular-se um ambiente equivalente ao de um *cockpit* de um avião onde o piloto, sentado do seu lugar, consegue visualizar e chegar a qualquer botão. Requer alguma habilidade, bastante planeamento e experiência, mas não é impossível de ser concretizado. Não é necessário que tenhamos apenas uma página; poderemos ter várias, mas visualizadas através de separadores que agregam diferentes tipos de informação. A construção de um *dashboard* está quase sempre circunscrita às fronteiras do ecrã e da impressão em relatório de folha A4.

ii. <u>Apresentar a informação preferencialmente através de gráficos</u> – Os gráficos são muito poderosos na comunicação da informação. Permitem transmitir os números da actividade da organização de forma clara, objectiva e rápida. No entanto, um *dashboard* pode combinar os gráficos com quadros de apoio. Nos pontos seguintes, iremos desenvolver esta matéria de forma a obter maior eficácia na utilização dos gráficos.

iii. <u>Não apresentar mais informação do que a realmente necessária</u> – Importa que o *report* tenha apenas a informação necessária para que possa cumprir o seu objectivo. A probabilidade de falharmos na construção do *dashboard* aumenta consideravelmente quando exageramos no nível de detalhe de informação. Caberá a quem constrói o *dashboard* saber exactamente aquilo que deverá comunicar, para que a história da performance possa ser transmitida com sucesso.

iv. <u>Destacar a informação mais relevante</u> – É fundamental perceber a forma como os utilizadores do *dashboard* pretendem a apresentação da informação para a tomada decisão. Implica muitas vezes colocar-nos na posição do destinatário do *dashboard,* de modo a podermos compreender o tipo de informação necessária, como relacioná-la e como arrumá-la. Não é possível construir um bom *dashboard* sem conhecer o negócio e, acima de tudo, dominar os seus *drivers*.

## Construção de Dashboards

v. <u>Realçar o presente em detrimento do passado</u> – O *dashboard* deve focar, em primeiro lugar, aquilo que está a acontecer no ano presente, deixando para segundo plano o que aconteceu. O passado é sempre menos importante do que o que se passa agora. No entanto, a análise conjunta do presente e do passado permite percepcionar a dimensão da evolução.

vi. <u>Organizar a informação de forma lógica</u> – É fundamental que dentro do mesmo ecrã a informação esteja arrumada em grupos por afinidade de assuntos. A conjugação de vários gráficos para a apresentação em diferentes perspectivas da mesma informação permite expor ligações que seriam muito difíceis de detectar se apenas tivéssemos a ver individualmente cada um dos gráficos.

vii. <u>Utilizar o espaço de forma eficiente</u> – Uma vez que o *dashboard* deve estabelecer-se num espaço que se restringe à área equivalente de um ecrã, e sabendo que existe uma quantidade imensa de informação que é de importância extrema para a compreensão do desenvolvimento da organização, é fundamental que se consiga rentabilizar o espaço disponível da forma mais eficiente, de modo a garantir que o utilizador do *dashboard* possa ter acesso directo a toda a informação crítica.

viii. <u>Apresentar um visual apelativo</u> – O *dashboard* deve conseguir conquistar o seu público através de uma estética aprimorada, mas funcional. Muitos dos actuais *softwares* de construção de *dashboards* apresentam soluções visualmente muito atractivas. No entanto, não são eficazes em termos de comunicação da informação. A abundância de efeitos visuais gera um elevado nível de ruído visual, que em nada ajuda na comunicação da informação. Um bom *dashboard* tem uma apresentação limpa, elegante, equilibrada e esteticamente agradável. A eficácia do *design* comprova-se quando a informação é acedida de forma clara, objectiva, rápida, evidenciando-se afinidades, sobressaindo prioridades e destacando-se as relações entre a informação.

Seja qual for a ferramenta que venhamos a utilizar para construir o *dashboard*, é fundamental que tenha flexibilidade na colocação dos gráficos e tabelas, no seu dimensionamento, na diversidade de modelos de gráficos e no tratamento dos aspectos relacionados com a sua aparência. Surpreendentemente, o Excel continua a ser uma ferramenta que pode permitir a construção de *dashboards* de forma muito eficaz. Evidentemente, existem ferramentas informáticas muito poderosas e adaptadas à

152 *Monitorização da Performance Organizacional*

produção de *dashboards*. Em alguns casos, o seu custo pode justificar que o Excel possa funcionar num período inicial, eventualmente transitório, permitindo que a organização possa aperfeiçoar o seu *dashboard* até decidir o que realmente interessa para a monitorização.

### 10.1.3. *Ferramentas para construção de* dashboards

Existem actualmente dezenas de aplicações informáticas para construção de *dashboards*: www.dundas.com; www.sisense.com; www.perpetuumsoft.com; www.metricus.com; www.quadbase.com; www.idashboards.com; www.netsuite.com; www.microstrategy.com; www.visualmining.com; www.corda.com; www.klipfolio.com; etc.

Podemos destacar as seguintes funcionalidades:

– Disponibilidade de vasta biblioteca de gráficos.
– Possibilidade de ajustar graficamente o *design* do *dashboard* para ser consistente com a marca e imagem da organização.
– Possibilidade de promover alertas face a determinados valores ou padrões de dados.
– Possibilidade de utilizar filtros para analisar a informação.
– Facilidade de configuração de *reports (Drag-and-drop)*.
– Possibilidade de fazer *drill-down* aos dados, de modo a percepcionar a formação dos resultados globais.
– Possibilidade de aceder via *web*.
– Possibilidade de configurar diferentes níveis de acesso e privilégios.
– Possibilidade de configurar *reports* para diferentes utilizadores.
– Possibilidade de receber informações de diferentes bases de dados.
– Possibilidade de utilizar funções estatísticas para previsão.
– Possibilidade de construir *real-time dashboards*.

No entanto, alguns dos maiores especialistas em construção de *dashboards* utilizam o Excel como instrumento preferencial na configuração de painéis de gestão. As razões da utilização do Excel assentam basicamente nos seguintes aspectos:

– É uma aplicação existente em praticamente todas as organizações.
– É uma aplicação dominada pela maior parte dos colaboradores de uma organização.

*Construção de Dashboards* 153

- Permite adaptações rápidas sem a necessidade de recorrer a especialistas.
- Permite a ligação a qualquer base de dados da organização.
- Permite trabalhar a informação em bases de dados.
- Permite definir procedimentos automáticos (macros).
- É a solução mais barata de todas.

## 10.2. Dar eficácia aos gráficos

A apresentação da informação em gráficos ou em tabelas não é uma decisão indiferente. As tabelas funcionam muito bem quando necessitamos de expor números em particular ou importa apresentar informação com um grau mais elevado em termos de exactidão. Os gráficos são excelentes para expor progressos, padrões, dimensões e relações. Colocar apenas um conjunto de gráficos num ecrã não significa que se vai conseguir proporcionar uma análise capaz de evidenciar os aspectos críticos da performance da organização. Não nos podemos esquecer que, nos *dashboards,* o seu *layout* é visto como um factor que contribui de forma decisiva para potenciar comunicação e o respectivo entendimento dos números da organização. A escolha do gráfico certo, bem como a sua configuração visual, são aspectos críticos para o sucesso.

### 10.2.1. *Adequar os gráficos ao objectivo*

Existem alguns passos que devem ser seguidos, de modo a poder construir-se um *dashboard* com gráficos realmente eficazes:

- Qual a mensagem a passar?
- Qual o meio a utilizar?
- Colocar toda a informação num único gráfico ou decompor em vários gráficos?
- Como devemos parametrizar os elementos de suporte ao gráfico e onde deverão colocados?
- Qual o melhor design?
- Qual a informação que merece ser destacada?

i. Qual a mensagem a passar? O sucesso da eficácia da comunicação só acontece se soubermos exactamente o que pretendemos apresentar. É fundamental identificar a mensagem que se pretende passar. Podemos querer apresentar os resultados em diferentes perspectivas e, para isso, podemos utilizar: valores individuais, variações, pesos, *rankings*, progresso, margens, etc. Não existe uma forma mais eficaz de apresentar um resultado. Basicamente, a escolha da forma como o apresentamos vai depender do destinatário e da mensagem que se pretende transmitir.

ii. Qual o meio a utilizar? Podemos utilizar o gráfico ou a tabela ou o gráfico e a tabela. No caso de se pretender transmitir precisão ou números em particular, devemos usar as tabelas. Para expor dimensões, padrões, progressos, etc., o melhor são os gráficos. Existindo espaço no *dashboard*, podemos utilizar, em simultâneo, os gráficos e os quadros.

iii. Colocar toda a informação num único gráfico ou decompor em vários gráficos? Quando a informação envolve muitas variáveis (ex.: Volume de vendas vs. Regiões vs. Produtos vs. Desvios) é preferível utilizar vários gráficos mais pequenos, de modo a não confundir a mensagem. Demasiado detalhe tem efeitos nocivos na clareza da mensagem.

iv. Como devemos parametrizar os elementos de suporte ao gráfico e onde deverão colocados? A legenda, os títulos, as grelhas e os eixos (linhas, designações, escalas) devem ser configurados de forma a garantir que o gráfico destaque a informação que realmente interessa passar. Existe alguma redundância que pode ser evitada, permitindo expor com maior eficácia a informação mais crítica da organização. Nos pontos seguintes, iremos desenvolver esta matéria.

v. Qual o melhor design? O design é responsável por aumentar a comunicação da informação. Um bom design entrega simplicidade, elegância, clareza, etc. Não nos podemos esquecer que o design está directamente ligado aos gostos pessoais de cada um de nós, ou seja, o que funciona bem para uns não tem que obrigatoriamente que funcionar bem para outros. Não é raro ver gestores a imporem determinados designs que poderiam ser considerados autênticas excentricidades para a maioria dos utilizadores.

vi. Qual a informação que merece ser destacada? Poderá ser útil dar destaque a um valor em particular. A utilização do contraste certo irá permitir dar destaque a uma determinada informação. É da máxima importância perceber as regras básicas do funcionamento das cores.

## 10.2.2. Escolher o gráfico

Apresenta-se em baixo alguns exemplos de como determinados gráficos devem ser utilizados:

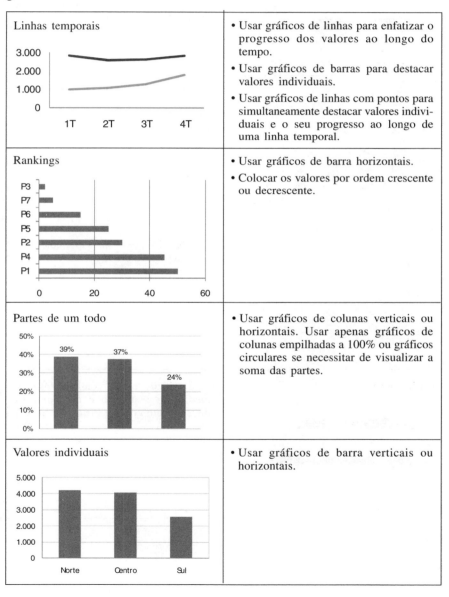

| | |
|---|---|
| Desvios<br />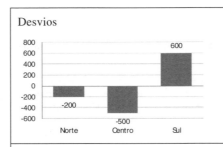 | • Usar gráficos de linhas para destacar desvios de um item numa linha temporal.<br />• Usar gráficos de barras para destacar desvios de itens diferentes onde não seja relevante expor a linha temporal. |
| Distribuição<br />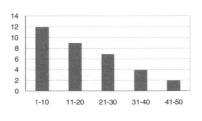 | • Usar gráficos de barras horizontais para destacar valores individuais.<br />• Usar gráficos de linhas para destacar o formato da distribuição. |
| Correlação<br />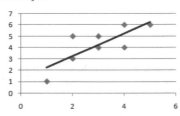 | • Usar gráficos de dispersão e colocar a linha de tendência. |
| Performance<br />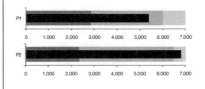 | • Usar gráficos "bullet" configurados para medir um resultado e confrontá-lo directamente com as metas de "mau", "satisfatório" e "bom". Podem ser substituídos por velocímetros. |

*Construção de Dashboards*                    157

### 10.2.3. *O que se deve evitar nos gráficos*

A formatação e *layout* de gráficos são dois aspectos distintos. O primeiro envolve a parametrização dos elementos de apoio ao gráfico (ex.: cores, dimensão, formato, linhas de grelha, eixos, legenda, escalas, marcas, fundos, etc.). O segundo tem a ver com o posicionamento do próprio gráfico no *dashboard*, tendo em conta a utilidade, importância e categoria da informação. Em baixo, apresenta-se um conjunto de aspectos que devem ser respeitados no âmbito da formatação:

| | |
|---|---|
| Linhas de grelha, eixos, escalas, marcas e séries. | ▪ Evitar utilizar linhas de limite (*borders*) na área do gráfico e na área de desenho.<br>▪ Evitar utilizar as linhas (*gridlines*). Se optar pela sua utilização, use linhas com cores suaves.<br>▪ Garantir que nos gráficos de dispersão o eixo do X é de dimensão idêntica ao eixo do Y, obtendo assim uma área quadrada.<br>▪ Preferencialmente, inicie a escala a partir do zero. Apenas nos gráficos de linhas com evolução temporal faz sentido alterar a escala, de modo a evidenciar diferenças entre duas variáveis.<br>▪ Evitar utilizar marcas secundárias nas escalas. Se optar pela sua utilização, use linhas com cores suaves. |
| Legendas | ▪ Nos gráficos de barras verticais, colocar a legenda em baixo. Para gráficos de coluna horizontal, colocar a legenda à direita. Nos gráficos de linhas, a legenda deve estar colada directamente às linhas.<br>▪ Evitar utilizar linhas de limite nas caixas das legendas.<br>▪ Para um conjunto de gráficos que empregue as mesmas variáveis, tente usar uma única legenda que possa ser utilizada para todos. |
| Fundos (Área do gráfico e área de desenho) | ▪ Deixar as áreas do gráfico e de desenho em branco ou com cores suaves que permitam destacar a informação mais importante. |
| Linhas e barras | ▪ Não utilizar linhas de limites nas barras.<br>▪ Não utilizar efeitos 3D.<br>▪ Deixar espaço entre as barras.<br>▪ Evite a utilização de pontos nas linhas, excepto se pretender expor valores individuais em simultâneo com o progresso. |

De seguida, apresenta-se alguns exemplos concretos dos aspectos referidos atrás:

- Evitar a utilização de gráficos 3D. Geralmente o modelo de 3 dimensões tem menor clareza na apresentação da informação. Exemplo:

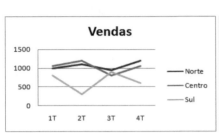 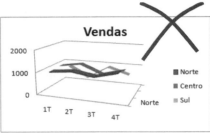

- Evitar a construção de tabelas sobrecarregadas de cor. Exemplo:

|    | Norte | Centro | Sul   |
|----|-------|--------|-------|
| 1T | 1.000 | 1.050  | 800   |
| 2T | 1.100 | 1.200  | 300   |
| 3T | 950   | 800    | 900   |
| 4T | 1.200 | 1.050  | 600   |
|    | 4.250 | 4.100  | 2.600 |

- Preferencialmente utilizar gráficos de linhas. Exemplo:

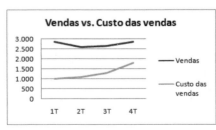 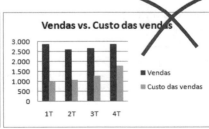

- Apresentar a amplitude total dos números. Quando se constrói um gráfico e se inicia a escala a partir de um determinado valor, está-se muitas vezes a "esconder" a verdadeira dimensão da diferença que existe entre duas variáveis. Apenas nos gráficos de linhas, onde se destaca a evolução temporal, faz sentido alterar a escala de modo a evidenciar diferenças entre duas variáveis. Exemplos:

 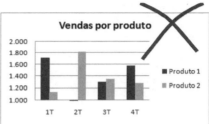

- Preferencialmente, segmentar a informação. As tentativas de apresentar o máximo de informação por gráfico têm geralmente um efeito negativo na comunicação. Exemplo:

 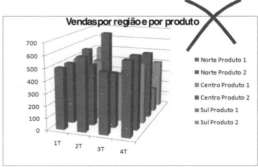

- Não sobrecarregar os fundos dos gráficos. A utilização do branco como fundo ajuda a promover o contraste. Desta forma, dá-se destaque aos dados, uma vez que favorece que a atenção esteja centrada na informação e não nos itens secundários. Exemplo:

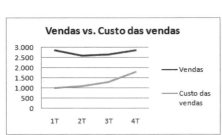 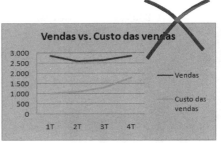

- Todos os elementos de apoio ao gráfico (ex.: grelhas, eixos, limites, legenda) que não representam informação de 1.º linha, não servem nenhum propósito crítico. Podem ser eliminados ou reduzidos, uma vez que apenas distraem da informação principal. Se optarmos pela redução, devem ter apenas a visibilidade suficiente para cumprir a sua função sem competir com a informação. Devem utilizar cores entre o preto e os cinzentos, de forma a não interferir com a informação. Exemplo:

 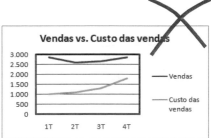

- Nos gráficos de barras, deixar sempre um espaço entre as barras. Exemplo:

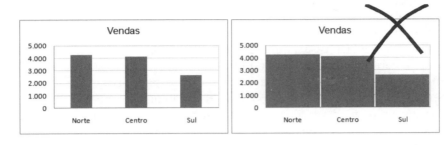

Em conclusão, um gráfico torna-se eficaz quando:

- Tem informação útil para a compreensão da performance.
- Apresenta a informação de forma simples, não sobrecarregando com informação desnecessária para a monitorização.
- Destaca os aspectos mais relevantes, facilitando ao utilizador a diferenciação entre os aspectos prioritários e secundários.
- É eficiente no consumo de espaço, ou seja, utiliza um espaço pequeno para o cumprimento da sua missão.
- É elegante em termos estéticos.

### 10.3. *Dashboard* design

Existem 4 características que são fundamentais coexistirem em simultâneo para que alguém possa ter sucesso na construção de *dashboards*: Capacidade para percepcionar os *drivers* do negócio; Domínio da parametrização de folhas de Excel; Criatividade nas soluções e Sentido de estética. A experiência na construção de *dashboard*, através da aplicação a diferentes casos, irá fazer com que estas características se aperfeiçoem rapidamente. O design nos *dashboards* é uma arte, nem sempre ao alcance de todos e muitas vezes entendida de forma divergente, mas fundamental para conquistar os utilizadores e alavancar a compreensão e análise da informação das organizações.

### 10.3.1. *Funcionamento da cor*

Quando bem aplicada, a cor melhora a qualidade da informação e clarifica a sua comunicação. É fundamental perceber o que se pretende transmitir em cada item do *dashboard* e equacionar como a cor poderá ajudar a potenciar essa tarefa. No entanto, se a cor for mal utilizada, poderá gerar confusão, retirar utilidade e depreciar o *dashboard*. Os artistas, designers e arquitectos usam as cores para causar situações na percepção humana. As cores podem ser combinadas para gerar efeitos. Por exemplo, para se conseguir um ambiente mais calmo, devem ser usadas cores em percentagens proporcionais e relacionadas.

Os principais factores externos da atenção do ser humano são a intensidade, o contraste, o movimento e a incongruência. A intensidade, uma vez que a nossa atenção é especialmente activada por estímulos que se apresentam com grande intensidade. Através do contraste, a atenção é muito mais despertada e, quanto maior o contraste, maior serão os estímulos. O movimento, que constitui um elemento principal no despertar da atenção. A incongruência, ou seja, prestamos muito mais atenção às coisas absurdas e bizarras do que ao que é normal.

No mapa de cores, as cores análogas estão sempre próximas, assumindo pequenas variações, enquanto as cores de contraste estão posicionadas no lado oposto. Cada cor é sempre a intermediária entre as duas vizinhas e, diametralmente opostas, estão as cores complementares:

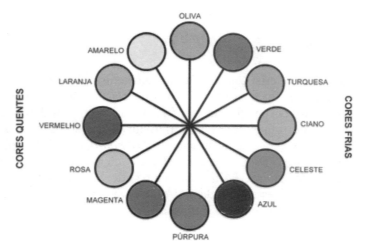

Figura 31 – Mapa das cores

Na cultura ocidental, as cores podem ter vários significados:

- Cinza: elegância, humildade, respeito, reverência, subtileza.
- Vermelho: paixão, força, energia, amor, liderança, masculinidade, alegria, perigo, fogo, raiva, revolução, "pare".
- Azul: harmonia, confidência, conservadorismo, austeridade, monotonia, dependência, tecnologia, liberdade, saúde.
- Ciano: tranquilidade, paz, sossego, limpeza, frescor.
- Verde: natureza, primavera, fertilidade, juventude, desenvolvimento, riqueza, dinheiro, boa sorte, ciúmes, ganância, esperança.
- Roxo: velocidade, concentração, optimismo, alegria, felicidade, idealismo, riqueza (ouro), fraqueza, dinheiro.
- Magenta: luxúria, sofisticação, sensualidade, feminilidade, desejo.
- Violeta: espiritualidade, criatividade, realeza, sabedoria, resplandecência, dor;
- Alaranjado: energia, criatividade, equilíbrio, entusiasmo.
- Branco: pureza, inocência, reverência, paz, simplicidade, esterilidade, rendição.
- Preto: poder, modernidade, sofisticação, formalidade, morte, medo, anonimato, raiva, mistério, azar.
- Castanho: sólido, seguro, calmo, natureza, rústico, estabilidade, estagnação, peso, aspereza.

Para a correcta utilização das cores, é fundamental perceber os princípios básicos que regulam as cores e a relação entre elas:

- Contraste/análogo.
- Legibilidade.

  i. <u>Contraste versus análogo</u> – A utilização de contrastes prende a atenção, enquanto as cores análogas dão a ideia de grupo/afinidades. Exemplo:

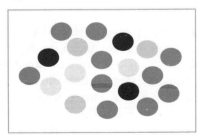

Figura 32 – Contraste versus análogo

## Monitorização da Performance Organizacional

É importante ter cuidado com as cores similares, já que pode ser difícil para terceiros conseguir distinguir diferentes tipos de informação.

ii. Legibilidade – O único factor que determina a legibilidade é a diferença entre um símbolo (ex.: texto, linhas, etc.) e o seu fundo. Quanto maior for o contraste de luminância, mais fácil será a tarefa de percepcionar a diferença entre símbolos ou formas similares.

Em resumo, o contraste deve ser usado para destacar, as cores análogas para agrupar e o contraste de luminância para a legibilidade.

### 10.3.2. Gestão eficiente do espaço do ecrã

Um dos grandes desafios da construção de um *dashboard* envolve a apresentação de uma quantidade enorme de informação relativa à performance da organização, num pequeno espaço equivalente a um ecrã de computador, sem, no entanto, criar a ideia de confusão e perturbar a eficácia dessa comunicação. Para poder funcionar, o *dashboard* tem de ser capaz de acomodar o máximo de informação, de forma a que faça sentido para quem a analisa. Existem algumas regras que permitem aproveitar o espaço de forma eficiente:

– Não introduzir itens sem utilidade.
– Não dimensionar itens de forma exagerada.
– Não separar itens de forma excessiva.
– Não posicionar itens em locais que não condizem com a sua importância ou função.
– Não forçar posicionamentos simétricos.
– Não falhar na exposição das ligações entre informação.

i. Não introduzir itens sem utilidade – A introdução de aspectos que possam potenciar a decoração do *dashboard* (ex.: imagens, fotos, símbolos, etc.) não é útil. Ao fim de algum tempo, após as primeiras visualizações, perdem efeito e, para além de distraí-rem, ficam apenas a consumir espaço precioso. O mesmo se passa com as eventuais instruções para o entendimento do *dashboard*. Poderão fazer sentido no início, mas depois serão residuais com a utilização do *dashboard*. O melhor é não lhe dar um posicionamento com destaque ou colocá-las num outro documento de apoio. Apesar de existirem alguns autores que não aconselham a colocação do logótipo ou simplesmente a identificação da organização, justificando que a mensagem irá tornar-se banal e irrelevante com a utilização do *dashboard*, em muitos casos pode fazer sentido, já que o *dashboard* pode constituir-se como um veículo de prestação de contas e mesmo como um instrumento de exposição positiva da organização relativamente aos seus feitos. Exemplo:

ii. <u>Não dimensionar itens de forma exagerada</u> – Os gráficos ou quadros que compõem o *dashborad* devem ter dimensões suficientes para que possam ser legíveis. Geralmente, a preocupação é gerir um espaço escasso, pelo que não existe grande margem para que os itens venham com dimensões demasiado elevadas.

iii. <u>Não separar itens de forma excessiva</u> – O *layout* do *dashboard* deve ser rentabilizado de modo a conter toda a informação essencial para a gestão. Imposta assim não espaçar demasiado os itens entre si, o que iria gerar desperdício de espaço. São raros os casos em que, após a parametrização do *dashboard*, sobram espaços vazios por preencher. Existe sempre informação que pode vir a preencher esses espaços, enriquecendo a missão do *dashboard* na transmissão de informação. Desta forma, existe sempre uma preocupação em juntar o mais possível os itens, sem no entanto os colocar demasiado juntos, originando confusão na distinção da informação.

iv. <u>Não posicionar itens em locais que não condizem com a sua importância ou função</u> – O posicionamento dos itens no *layout* do *dashboard* deve obedecer a determinadas princípios. Um dos princípios passa por definir categorias de informação, agrupando-as por função e ordenando-as por importância. Por vezes, é necessário quebrar esta regra de modo a conjugar diferentes tipos de informação e assim obter relações que apresentam conclusões que dificilmente seriam obtidas analisando a informação de forma individual. A disposição dos itens deve produzir um resultado final que faça sentido a quem lê.

v. Não forçar posicionamentos simétricos – Um *dashboard* não tem necessariamente de dispor a informação de forma simétrica. A rentabilização do espaço falha quase sempre nas situações em que pretende dispor os itens de forma simétrica no *dashboard*. Muitas vezes, a simetria causa monotonia da leitura da informação. A dimensão da informação, o seu tipo e a sua importância é que condicionam o *layout* do *dashboard*.

vi. Não falhar na exposição das ligações entre informação – Um dos aspectos mais importantes do *dashboard* é conseguir relacionar informação de forma a expor as suas correlações. A riqueza do *dashboard* advém da capacidade de quem o constrói de conseguir perceber os *drivers* da organização, bem como os factores chave para a tomada de decisão. Assim, um *dashboard* não deve ser apenas uma exposição fria de números, mas procurar, acima de tudo, gerar informações com um nível de riqueza superior que possam de facto fundamentar a utilização do *dashboard* e apoiar à tomada de decisão.

### 10.3.3. *Exemplos de* dashboards

Neste ponto, procurou-se apresentar alguns exemplos de modelos de *dashboards,* de modo a que o leitor possa percepcionar o seu *layout* e potencial, enquanto instrumentos de apresentação e comunicação da performance da actividade.

A maioria dos exemplos apresentados provém das principais empresas de *software* que actualmente comercializam estes instrumentos. Existem muitas outras empresas que comercializam *softwares* para construção de *dashboards*.

Um agradecimento especial pela autorização de publicação das imagens dos seus *dashboards*: Dundas, *SiSens,* Metricus e Perpetuumsoft.

Construção de Dashboards 167

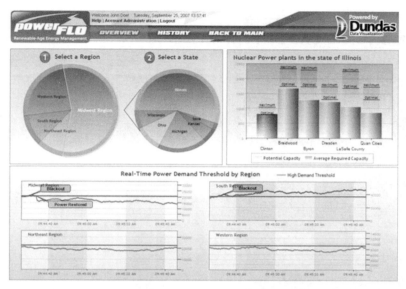

Figura 33 – *Dashboard* image, *courtesy of Dundas Data Visualization*
www.dundas.com

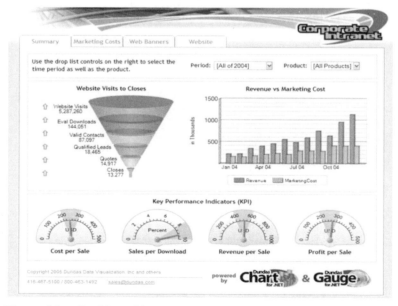

Figura 34 – *Dashboard* image, *courtesy of Dundas Data Visualization*
www.dundas.com

168 *Monitorização da Performance Organizacional*

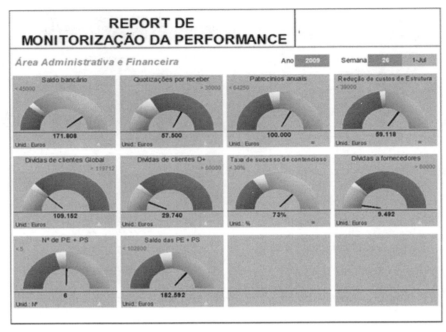

Figura 35 – *Dashboard – Instituição Portuguesa*

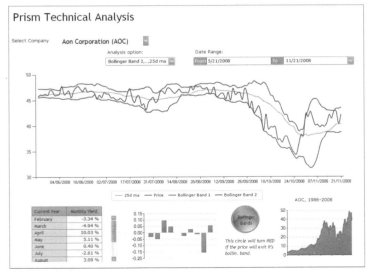

Figura 36 – *Dashboard images, courtesy of SiSense (www.sisense.com)*

# Construção de Dashboards 169

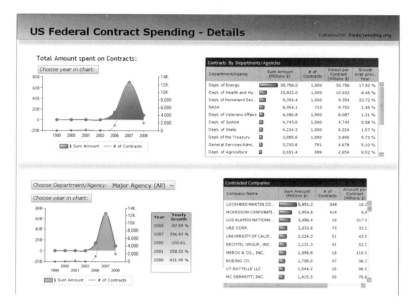

Figura 37 – *Dashboard images, courtesy of SiSense (www.sisense.com)*

Figura 38 – *Dashboard* image, courtesy of Metricus – Performance management for IT organizations © Metricus

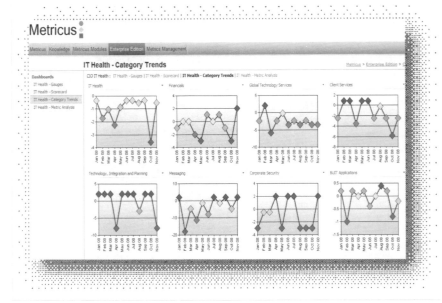

Figura 39 – *Dashboard* image, courtesy of Metricus – Performance management for IT organizations © Metricus

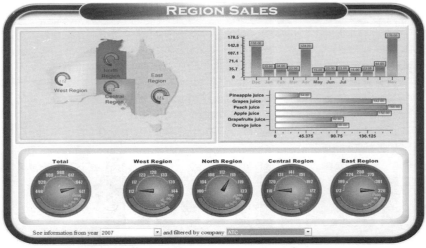

Cortesia de www.perpetuumsoft.com

Figura 40 – *Dashboard* image, courtesy of Perpetuumsoft

Construção de Dashboards 171

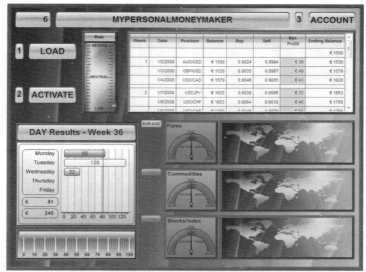

Cortesia de www.perpetuumsoft.com

Figura 41 – *Dashboard* image, courtesy of Perpetuumsoft

Cortesia de www.perpetuumsoft.com

Figura 42 – *Dashboard* image, courtesy of Perpetuumsoft

172 *Monitorização da Performance Organizacional*

Em baixo, apresenta-se uma análise dos factores críticos de sucesso na implementação de *dashboards* nas PME por um *especialista em Business Intelligence*.

### Os *Dashboards* e as PME's – *Factores críticos de sucesso*

*Por César Ramalho*
*Managing Director: INFOS – Expertia IT Services, Lda.*
*cesar.ramalho@infos.pt*

A Infos, ao longo dos últimos 15 anos, implementou em PME's com vários perfis e dimensões, diferentes níveis de sofisticação e qualidade de gestão sistemas de *Business Intelligence* (BI) compostos por *reporting*, OLAP, *data mining* e – como seria de esperar – *dashboards*. Foi, portanto, com muito prazer que recebi o convite do Dr. Jorge Caldeira para partilhar a nossa experiência do processo, nem sempre curto e directo, que implica a implementação de um sistema de *Dashboards*.

O primeiro conceito que é necessário apreender é que a tecnologia é apenas uma ferramenta e, como acontece em qualquer projecto de engenharia, a qualidade do projecto e dos técnicos é que vai marcar, efectivamente, toda a diferença. Ao longo dos anos a Infos tem trabalhado com a nata dos fabricantes de ferramentas de BI – Cognos, Hyperion e, mais recentemente, Microsoft – e a constatação final é que a qualidade destas tem um impacto importante no desempenho e usabilidade do sistema mas não é, de forma alguma, uma garantia de sucesso.

O segundo conceito que é necessário reter é que nenhuma empresa de consultoria consegue implementar projectos sem uma estreita interacção e colaboração com o seu Cliente. Se não for promovido um total alinhamento da organização com o projecto o que irá acontecer, na grande maioria dos casos, é que o sistema não será abraçado pelos utilizadores e pode mesmo correr o risco de não ser utilizado.

Em terceiro lugar deveremos assegurar o conhecimento do negócio. Um projecto de tecnologias de informação implica o domínio de um conjunto de factores que caracterizam a realidade do Cliente: conhecimento profundo da actividade onde o Cliente se insere; domínio do equilíbrio de forças e motivações dentro do organigrama da empresa; qualidade da gestão e meios humanos disponíveis.

A construção de um sistema de *Dashboards* numa PME tem, em si, exigências próprias: os meios humanos disponíveis são limitados e a concentração de funções é uma realidade frequente. Por este motivo, o

*Construção de Dashboards* 173

sistema de indicadores de gestão dever ser direccionado à função do utilizador – o director de recursos humanos não tem as mesmas necessidades do financeiro nem do director geral. Assim, cada utilizador deve ser alvo de estudo no sentido de lhe ser disponibilizado o conjunto de informações mais adequado às suas necessidades.

Outro factor de sucesso muito importante é a necessidade de disponibilizar indicadores e alertas que detectem com antecedência os factores geradores de anomalia. Idealmente um *Dashboard* bem concebido deve permitir ao utilizador agir proactivamente e com antecipação, sem necessitar de longas horas de compilação de informação.

Numa PME a introdução de uma ferramenta desta natureza é, normalmente, um projecto pioneiro. Devemos, portanto, ter bom senso e orientar o Cliente no sentido de criar um modelo adequado às suas necessidades actuais, mas que tenha capacidade de evoluir ao longo do ciclo de maturidade da organização. A vontade de ter tudo quando não se tem nada é uma armadilha frequente.

# ÍNDICE

**1. Conceitos introdutórios** ......................................................... 15
   *1.1. Monitorização da performance* ..................................... 15
      1.1.1. Propósito central da monitorização .................... 15
      1.1.2. Benefícios obtidos com monitorização ............. 17
      1.1.3. Principais razões da não monitorização ............ 21
   *1.2. Papel da gestão estratégica* ........................................ 23
      1.2.1. Análise estratégica ............................................. 24
      1.2.2. Formulação estratégica ..................................... 29
      1.2.3. Revisão estratégica............................................ 29
   *1.3. Atribuições da gestão operacional* .............................. 30
      1.3.1. Planeamento operacional .................................. 30
      1.3.2. Monitorização da performance ......................... 31
      1.3.3. Prestação de contas............................................ 32
**2. Desafios dos processos de gestão** ...................................... 33
   *2.1. Principais constrangimentos no planeamento* ............. 33
      2.1.1. Inexistência de estratégia objectiva .................... 33
      2.1.2. Actividades com elevado grau de incerteza ........ 34
      2.1.3. Instabilidade dos recursos humanos e financei-
         ros ...................................................................... 34
   *2.2. Principais ameaças ao sucesso da monitorização* ....... 35
      2.2.1. Monitorização desalinhada da estratégia ............ 36
      2.2.2. Resistência organizacional à monitorização ........ 36
      2.2.3. Implementação de modelos de monitorização
         elevada complexidade ...................................... 37
   *2.3. A importância da consistência do ciclo de gestão* ...... 38
      2.3.1. Efeitos de um ciclo de gestão não consistente .. 39
      2.3.2. Alinhamento temporal do ciclo de gestão ......... 40
      2.3.3. Calendário das responsabilidades da Gestão ...... 41
**3. Variáveis críticas para a construção do modelo de monito-
rização** ...................................................................................... 43
   *3.1. Identificação da frequência de monitorização* ............ 43

| | |
|---|---|
| 3.1.1. Oportunidade da informação para a tomada de decisão ...................................................................... | 43 |
| 3.1.2. Capacidade da organização contabilizar resultados ...................................................................... | 44 |
| 3.1.3. Obrigações de prestação de contas ..................... | 45 |
| **3.2. Definição do nível de profundidade da monitorização** | 45 |
| 3.2.1. Monitorização estratégica ................................. | 46 |
| 3.2.2. Monitorização operacional ................................. | 47 |
| 3.2.3. Monitorização individual ................................... | 47 |
| **3.3. Principais modelos de monitorização** ...................... | 48 |
| 3.3.1. Acompanhamento de resultados ....................... | 49 |
| 3.3.2. Gestão por objectivos clássica ......................... | 50 |
| 3.3.3. Metodologia Balanced Scorecard ...................... | 51 |
| **4. Estruturação do processo de reporting** ...................... | 55 |
| **4.1. Processo de reporting** ...................................... | 55 |
| 4.1.1. Fases do processo de reporting ....................... | 55 |
| 4.1.2. Registo, tratamento, disponibilização e discussão da performance .................................................. | 56 |
| 4.1.3. Factores críticos de sucesso do processo de reporting ...................................................................... | 57 |
| **4.2. Intervenientes, responsabilidades e documentos de apoio** | 60 |
| 4.2.1. Quem participa no processo de reporting ......... | 60 |
| 4.2.2. Quem coordena o processo de reporting .......... | 61 |
| 4.2.3. Quais os documentos de apoio ao reporting ...... | 63 |
| **4.3. Report de monitorização** ................................... | 65 |
| 4.3.1. Função do report ......................................... | 65 |
| 4.3.2. Estrutura do report ...................................... | 66 |
| 4.3.3. Exemplos de report ...................................... | 67 |
| **5. Determinação de objectivos, indicadores e metas** ............ | 73 |
| **5.1. Definição de objectivos** ................................... | 73 |
| 5.1.1. Aspectos críticos na definição dos objectivos .... | 73 |
| 5.1.2. Tipologia de objectivos ................................. | 75 |
| 5.1.3. Espectro de níveis explicativos de performance. | 77 |
| **5.2. Construção de indicadores** ................................ | 80 |
| 5.2.1. Aspectos críticos na construção dos indicadores | 80 |
| 5.2.2. Tipologia de indicadores ............................... | 83 |
| 5.2.3. Contributo dos indicadores para os objectivos ... | 87 |
| **5.3. Fixação de metas** ......................................... | 88 |
| 5.3.1. Relevância das metas ................................... | 88 |
| 5.3.2. Negociação de metas ................................... | 90 |

| | |
|---|---|
| 5.3.3. Reajustamento de metas | 91 |
| **6. Apuramento dos resultados da actividade** | 93 |
| **6.1. Processos de registo e tratamento de informação** | 93 |
| 6.1.1. Fontes de resultados | 93 |
| 6.1.2. Processos de registo | 94 |
| 6.1.3. Tratamento da informação | 95 |
| **6.2. Credibilização dos resultados** | 96 |
| 6.2.1. Auditoria interna | 96 |
| 6.2.2. Controlo por amostragem | 98 |
| 6.2.3. Informação externa | 99 |
| **7. Monitorização de Projectos** | 101 |
| **7.1. Gestão de projectos** | 101 |
| 7.1.1. Definição de projecto | 101 |
| 7.1.2. Diferenciação entre projectos, actividades e objectivos | 102 |
| 7.1.3. Gráficos de Gantt, PERT e CPM | 104 |
| **7.2. Ciclo de vida dos projectos** | 105 |
| 7.2.1. Etapas de um projecto | 105 |
| 7.2.2. Responsabilidades dos intervenientes | 107 |
| 7.2.3. Documentos de suporte | 108 |
| **7.3. Controlo da execução de projectos** | 110 |
| 7.3.1. Indicadores para projectos | 111 |
| 7.3.2. Gestão de ameaças | 113 |
| 7.3.3. Exemplos de *reports* | 114 |
| **8. Apresentação e discussão da performance** | 119 |
| **8.1. Reuniões de monitorização da performance** | 119 |
| 8.1.1. Relevância das reuniões de monitorização | 119 |
| 8.1.2. Porque falham as reuniões | 120 |
| 8.1.3. Aspectos críticos para a reunião | 121 |
| **8.2. Agenda da reunião** | 122 |
| 8.2.1. Aspectos centrais na construção da agenda | 122 |
| 8.2.2. Assuntos da agenda | 123 |
| 8.2.3. Elemento de apoio à condução da reunião | 125 |
| **8.3. Exemplos de reuniões de discussão de resultados** | 126 |
| 8.3.1. Documento de apresentação de resultados | 127 |
| 8.3.2. Memorando de conclusões | 131 |
| 8.3.3. Seguimento das decisões/compromissos | 133 |
| **9. Manual de Procedimentos do processo de monitorização** | 135 |
| **9.1. Objectivos do manual** | 135 |
| 9.1.1. Função do manual | 135 |

9.1.2. Destinatários do manual ........................................ 136
9.1.3. Processo de actualização do manual ................... 137
**9.2. Estrutura do manual** ....................................................... 138
9.2.1. Pontos do manual ................................................ 138
9.2.2. Exemplo de estrutura ........................................... 139
9.2.3. Exemplo de índice gráfico ................................... 141
**9.3. Exemplos de manuais de procedimentos** ....................... 141
9.3.1. Construção do Plano Anual de Actividades e Orçamento ............................................................... 142
9.3.2. Preparação do *report* de monitorização de projectos ...................................................................... 143
9.3.3. Processo de *reporting* ......................................... 144
**10. Construção de *dashboards*** ...................................................... 147
**10.1. Para que servem os dashboards** ................................... 147
10.1.1. Conceito de *dashboard* ...................................... 147
10.1.2. Princípios na configuração de *dashboards* ........ 149
10.1.3. Ferramentas para construção de *dashboards* ..... 152
**10.2. Dar eficácia aos gráficos** ............................................. 153
10.2.1. Adequar os gráficos ao objectivo ...................... 153
10.2.2. Escolher o gráfico ................................................ 155
10.2.3. O que se deve evitar nos gráficos ...................... 157
**10.3. Dashboard *design*** ....................................................... 161
10.3.1. Funcionamento da cor ........................................ 162
10.3.2. Gestão eficiente do espaço do ecrã ................... 164
10.3.3. Exemplos de *dashboards* .................................. 166